【典藏】

厦 门 文 史 丛 书

厦门文史丛书

中国人民政治协商会议
福建省厦门市委员会 编

洪卜仁 主编

厦门船舶工业

厦门大学出版社
NIAMEN UNIVERSITY PRESS
国家 一级 出版社
全国百佳图书出版单位

图书在版编目（CIP）数据

厦门船舶工业/洪卜仁主编. -- 厦门:厦门大学出版社，
2008.11（2022.9 重印）
　（厦门文史丛书）
　ISBN 978-7-5615-3180-8

Ⅰ. 厦… Ⅱ. 洪… Ⅲ. 造船工业－工业史－厦门市
Ⅳ. F426.474

中国版本图书馆CIP数据核字(2008)第155614号

出 版 人	郑文礼	
责任编辑	薛鹏志	
版式设计	鼎盛时代	
技术编辑	朱　楷	

出版发行　厦门大学出版社

社　　址	厦门市软件园二期望海路 39 号	
邮政编码	361008	
总　　机	0592-2181111　0592-2181406(传真)	
营销中心	0592-2184458　0592-2181365	
网　　址	http://www.xmupress.com	
邮　　箱	xmup@xmupress.com	
印　　刷	厦门集大印刷有限公司	

开本	720 mm×1 000 mm　1/16
印张	10.5
插页	3
字数	190 千字
版次	2008 年 11 月第 1 版
印次	2022 年 9 月第 2 次印刷
定价	50.00 元

本书如有印装质量问题请直接寄承印厂调换

厦门大学出版社
微信二维码

厦门大学出版社
微博二维码

厦门船舶工业

二〇〇八年九月八日 王荣生

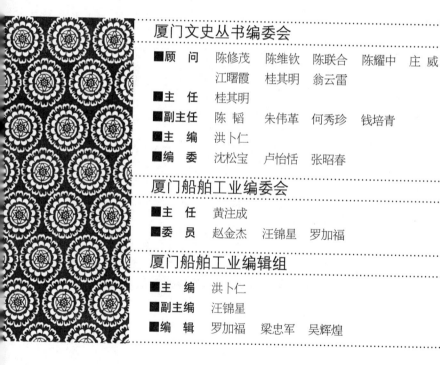

【序　言】

"好雨知时节，当春乃发生。"古往今来，人们总是由衷地赞美春天。因为它充满生机和憧憬，带来的不仅仅是播种的怡悦，还常常伴随着收获的希冀。

在万木复苏、百花盛开、姹紫嫣红、春回大地的日子里，参加厦门市政协十一届一次全会的全体新老政协委员，就是怀着一种播种与收获交织、怡悦与希冀并行的激情，迎来了 2007 年新春的第一份礼物。根据本届市政协主席会议的研究决定，由厦门市政协与我市文史工作者合作共同推出的"厦门文史丛书"第一方阵——《厦门名人故居》、《厦门电影百年》、《厦门史地丛谈》、《厦门音乐名家》等四种政协文史资料读物终于如期与大家见面了！

这无论在厦门政协文史资料发展历史上，还是在我市先进文化建设进程中，都是可圈可点，很有意义的一件喜事。为此，我首先代表厦门市政协，向直接、间接参与这套"丛书"的组织、策划、编撰、编辑、出版和宣传工作而付出辛勤劳动的有关领导、专家、学者及工作人员，向为此提供宝贵支持的社会各界和热心人，表示衷心的感谢，并致以新春佳节最美好的祝愿！

众所周知，文史资料历来就受到人们的重视和青睐。因为通过它，人们不仅可以自由地超越时空，便捷可靠地了解到一个区域（通常是一个城市）古往今来的进步发展情况，真实形象地感受到这里丰富多彩的文化历史现象，满足自己的求知欲和审美情趣，而且还可以发现许多具有现实意义和参考价值的吉光片羽，并从中汲取激励自己积极向上、奋发有为的养分和力量。

通过文史资料，我们知道：厦门这块热土有着丰富而厚重的历史积淀和文化内涵。迄今四五千年前的新石器时代，厦门岛上就有早期人类生活的遗迹。大概一千二三百年前的唐代中叶，中原汉族就辗转迁徙前来厦门，在岛上拓荒垦殖，繁衍生息。宋元时期，中央政府开始在厦门驻军设防。明朝初年，为了防御倭寇侵犯，在厦门设置永宁卫中、左二所，洪武二十七年（1394年）又在此兴建城堡，命名厦门城。从此，"厦门"的名字正式出现在祖国的版图上，并随着城市的进步发展、知名度的不断提高而逐渐蜚声海内外。今天的厦门，早已不是当年偏僻荒凉的海岛小渔村，而是国内外出名的经济特区、现代化国际性港口风景旅游城市。

通过文史资料，我们还知道：千百年来，依托厦门这方独特的历史舞台，勤劳勇敢、聪明善良的厦门人民，在改造自然与社会、追求进步与发展、争取生存与自由、向往幸福与独立的伟大进程中，谱写了一曲曲感天动地的赞歌，创造了一个个令人惊叹的奇迹，同时也涌现了一批批彪炳青史的俊彦。如以厦门为基地，在当地子弟兵的支持下，民族英雄郑成功完成了跨海东征，收复台湾的辉煌壮举；在其前后，有发明创造"水运仪象台"，被誉为"中国古代和中世纪最伟大的博物学家、科学家之一"的苏颂；有忠勇爱民，抗击外敌，不惜以死殉国的抗英爱国将领陈化成；有爱国爱乡，倾资办学，不愧为"华侨旗帜，民族光辉"的著名侨领陈嘉庚；有国家领导人方毅、叶飞，一代名医林巧稚、著名科学家卢嘉锡，等等。他们的传奇人生、奋斗业绩所折射出的革命传统、斗争精神、民族气节、高尚情操和优秀秉性，经过后人总结升华并赋予时代精神，已成为厦门人民弥足珍惜、继承光大的精神财富，正激励着一代代的厦门儿女为建设小康社会而奋斗！

春风化雨，任重道远。通过文史资料，我们更是知道：改革开放以来，在中国共产党的正确领导下，依靠广大人民群众的聪明才智，在短短的二十多年里，我们的家乡厦门发生了翻天覆地的巨变。这种代表先进生产力的发展要求，代表先进文化的前进方向，代表广大人民群众根本利益的历史性巨变，不仅体现在城市建设、经济发展、生活改善、社会进步等方面，还突出表现在广大人民群众思想观念、道德情操、精神面貌、文明素质等方面所发生的深刻变化。

追根溯源，可以明志兴业。利用人民政协社会联系面广、专业人才荟萃、智力资源集中的优势，通过编撰出版地方文史资料，充分发挥政协文史资料"团结、育人、存史、资政"的功能，这本身就是人民政协履行职能的重要方式之一。值此四种文史资料的诞生，象征丛书的滥觞起，在充分肯定厦门发生的历史巨变而倍感自豪的同时，我们要一如既往地认真学习贯彻中共中央总书记胡锦涛在视察福建、厦门海沧台商投资区的重要讲话精神，学习贯彻中共中央政治局常委、全国政协主席贾庆林在纪念厦门经济特区 25 周年大会上的重要讲话精神，在致力于厦门经济特区经济建设、政治建设、社会建设的同时，从加强特区先进文化建设的高度，进一步加强政协文史工作，充分发挥政协文史资料的功能，以"厦门文史丛书"的启动为契机，严肃认真、兢兢业业地继续做好这项有意义的工作，以不负时代的重托。

我相信，有我市各级政协组织和委员、政协各参加单位的重视参与，有社会各界的支持帮助，有多年来积累的成功经验和有效做法，特别是有一支经受考验锻炼、与海内外各界联系广泛、治学严谨的地方文史专家队伍，只要我们认准目标，锲而不舍，与气势如虹的我市新一轮跨越式发展相称，与方兴未艾的海峡西岸经济区建设呼应，作为一项"功在当代，利在千秋"的重要事业，我市政协文史资料工作一定会取得长足进步，推出更多精品，发挥更大的作用！

城市历史文化，从来是反映城市前进发展中经验与教训的真实记录，是人们在改造自然与社会、创造"三个文明"的历史进程中所留下的重要印记、所提炼的不朽灵魂。以履行政协职能为宗旨，以政协编辑出版的地方文史资料为载体，通过有选择、有重点地记录、反映一座城市（或者相关的一个区域）的历史文化，自觉为建设中国特色社会主义服务，为科学发展服务，为构建和谐文化、和谐社会服务，为祖国统一大业服务，为中华民族的伟大复兴服务。这正是政协文史工作及其相关的文史资料的长处和作用，也是它区别于一般地方文史资料最重要的特色和优势。

也正是基于这种考虑和共识，在厦门市政协党组的高度重视和倾力支持下，市政协文史和学习宣传委员会认真总结近年来编纂出版地方政协文史资料的成功经验，在市委、市政府有关部门，我市有关社会机构和各界人士的帮助下，组织了我市一批有眼光、有经验、有热情、有学识的地方文史专家和专业工作者，经过深思熟虑，反复论证，决定与国家"十一五"计划同步，从 2006 年起，采取"量力而行，每年数册"的方针，利用数年时间，出齐一套大型地方历史文献"厦门文史丛书"。

编辑出版这套"丛书"的目的是，本着"古为今用"的原则，在批判继承前人的基础上，努力挖掘、整理、利用厦门地方历史文化渊薮中有益、有用、健康、进步的或者具有借鉴、警示意义的文史资料，直接为现实服务：

为地方历史文物的保护工作服务，为地方文史资料的大众普及和学术研究工作服务，为发挥政协文史资料"团结、育人、存史、资政"的作用服务，为人民政协事业服务，为统一战线工作服务；为遍布海内外，通过寻根问祖，关心了解祖国和家乡过去、现在、将来的厦门籍乡亲服务；为主张两岸交流，反对"台独"阴谋、认同"一个中国"，心系祖国统一大业的炎黄子孙服务；为提高人民群众，尤其是青少年的科学文化素质、道德文明修养，培养"四有"公民，建设学习型、创新型社会，推动厦门经济特区建设实现"更好更快"发展的新目标提供方向保证、智力支持和精神动力服务。

编辑出版这套"丛书"的方针是，不求全责备，面面俱到，只求真实准确，形象生动。即经过文史专家的爬梳剔抉、斟酌考证，尽量选取第一手的"原生态"史料，从本市及其邻近相关区域中所传承积淀下来的文化历史切入，以厦门市为重心，适当延伸至闽南地区，以近现代为主、当代为辅，以厦门城市发展进程中具有典型性、代表性的人物事件为对象，通过"由近及远，由表及里，标本兼顾，源流并述"的方式，尽可能采取可读性强的写法，并辅之以说明问题的历史照片或画面，进行客观而传神的艺术再现。

我在本文的开头特别提到，春天是充满希望与憧憬的时节。反复揣摩案头上还散发着阵阵醉人的油墨芳香近日问世的四种政协文史资料读物，欣喜之余，我想到，虽然这仅仅只是成功的开篇，今后几年里厦门政协文史工作要取得预期的成果，顺利出齐"厦门文史丛书"全部读物的任务还相当繁重，但我坚信，只要我们坚持人民政协"团结、民主"的主题，相信和依靠大家的智慧力量，始终秉持春天一样的热情与锐气，始终把希望和憧憬作为自己前进的目标、动力，一如既往地追求奋斗，我们的事业将永远充满阳光、和谐！

是为序。

陈修茂

（作者系厦门市政协党组书记、主席）

2007 年 2 月 28 日

【前　言】

　　碧海环抱的厦门，早在明代中叶就以其港口的优越而闻名于世。

　　明朝中后叶的厦门，海上对外贸易相当发达，船舶修造业也随着兴起、发展。清初，在厦门水仙宫附近已经建有"军工造船厂"。这家官营的造船厂虽一度他移，但到乾隆元年（1736年）又再恢复重建，厂址迁到现在的厦门港沙坡尾一带。闽南各地的造船工人随之会集厦门，并带来造船技术和设备，为厦门船舶工业的发展创造极其有利的条件。直至鸦片战争前，进出厦门港的船舶，毕竟只是中小型木帆船。一些帆船的建造、维修，大多是由船主自行备料雇工修造，手工业的修造船舶作坊规模也不大。

　　鸦片战争后，厦门于1843年11月开埠。开埠后的厦门，进出口船只日益频繁，不仅有小中型木帆船，大型帆船和近代汽艇、轮船也逐渐增多，催生了西方近代机器造船工业落户厦门。1858年，英国商人在厦门创办的船坞公司，比上海的江南造船厂和福州的福建船政局都早了好几年。此后，经过风风雨雨，浮浮沉沉，至今已经走过了整整150年的历史。

　　正当举国上下喜迎改革开放30周年之际，厦门在福建省船舶工业发展规划中被列为四大造修船舶基地之一。作为福建省、厦门市的传统优势产业，也是厦门机械产业四大支柱之一的船舶工业，已由传统的修造船业发展成为造船业、游艇业、修船业、大型钢结构制造、船舶进出口、船舶配件贸易等组成的完整产业链。根据《厦门船舶工业发展规划》，厦门船舶工业产业发展规划的总体思路为：以厦船重工为龙头，做精、做强、做大造船业；以造船工业带动船用机电（含通讯、导航）设备配套业，分段、舱口盖制作，钢结构等产业链的发展。

　　回顾历史，展望未来，我们有理由相信，随着中国经济的不断腾飞，随着中国对外贸易和物流业的不断拓展，厦门的船舶工业将会继续走向下一个十年、五十年、一百年的辉煌。

编　者

2008 年 10 月 2 日

目 录

厦门造船业的兴起

溯本寻源话造船

我国是一个大陆国家，同时又是一个海洋大国。我国的先民很早就开始了海上活动，在漫长的历史长河中，积累了丰富的造船经验，有着多项造船技术堪称世界第一的纪录。

福建背山面海，港湾众多，人们习于航海，善于造船，是我国历史上造船比较发达的地方。三国时期，福建已有规模较大的造船场所。唐代的福州、泉州两地，已是我国南方造船的中心。

到了宋代，朝廷在福建设造船指挥所，造船场遍布沿海各地。《宋会要·食货》记载："福建、广南海道深阔"、"浅海去处，风涛低小"。滨海优越的地理条件，促使人们建造精益求精的海船。《三朝北盟会编》卷176记载："海舟，以福建为上。"当时称福建船为"南船"。按北宋的惯例，遣使航海高丽，不就近在北方招募海船，而是要"先期委福建、两浙监司顾募客舟"（《宣和奉使高丽图经》），说明这两路的海船业居全国之冠。

福建境内盛产木材，为宋元时期福建造船业的发展提供了有利的条件。当时两浙路常用的造船木材，都是从福建运去的，所以浙江造船业的发展比不上福建。沿海省份中唯一可与福建相比的是广东，但当时广东制造的船舶不如福建以铁钉铆合并以油灰填缝的船舶坚固。南宋周去非所著《岭外代答》

说："深广沿海州军，难得铁钉、桐油，造船皆空板穿藤约束而成，于藤缝中以海上所生之茜草干而窒之，遇水则涨，舟为之不漏矣。"正如宋人吕颐浩说的，"南方木性与水相宜，故海舟以福建为上，广东船次之，温、明船又次之"。

南宋朝廷在福建路与广东路设立的船场，到孝宗时即予撤销，官府一不生产商船，二不经营海外贸易，造成闽粤地区的官营造船业逐渐衰落，而私营造船业却在繁荣的国内外贸易的沃土中发芽生长，根深叶茂。

元代，随着国家疆域的不断扩展，中西方的经济文化交流空前繁荣，通过海上丝绸之路进行商贸往来的国家和地区多达140余个。这个时期的泉州港不但成为"梯航万国"的世界东方第一大港，更是全国的造船中心。南宋诗人谢履有一首《泉南歌》，写下"州南有海浩无穷，每岁造船通异域"的佳句，描述了当年泉州航运和造船业繁盛的景象。据《元史·世祖本纪》记载：至元十六年（1279年），"以征日本，敕扬州、湖南、赣州、泉州四省造战船六百艘"。至元十七年（1280年），"福建行省移泉州"，命泉州、扬州、隆兴（南昌）等地"造船三千艘，敕耽罗发木材给之"。至元二十六年（1289年），泉州所统的海船达1500艘。

明朝建立之初，国力强盛。农产品商品化扩大，手工业生产水平提高，尤以棉纺织业、制瓷业、矿冶业和造船业等的发展最为迅速，其中造船业曾一度居世界前列。

明永乐元年（1403年），朝廷命福建都司造船137艘。永乐三年（1405年）至宣德八年（1433年），郑和先后7次下西洋，所用的宝船不少是在闽江口一带制造的。研究郑和的专家们认为，从数量上看，郑和每次下西洋的船数都在48艘至63艘之间，而福建5次共修造了380艘，已足够永乐时期6次下西

木船

洋之用；从建造的时间看，5 次修造宝船都是郑和下西洋任务所需要的，而且 5 次建造宝船的任务均由福建来承担；从建造的地点来看，多在驻泊基地长乐。《重纂福建通志》卷271 中就明确记载："七年（1409 年）春正月，太监郑和自福建航海通西南夷，造巨舰于长乐。"

明成化年间（1465—1487），福建市舶司自泉州迁至福州，造船场遍及全省沿海各地，包括福厂、泉厂、漳厂等。当时福建造船业分为官营、官召商营和民营三种，厂家分别在福州的南台、河品、洪塘、连江、长乐、福清，泉州的申公亭，漳州的海澄、嵩屿，厦门的鼓浪屿和同安马巷，且官办和私办的造船业都很发达，主要生产福船、宝船、封舟、白艚船等。其中官营造船业工场规模最大，主要从事战船的建造，战船包括大福船（官船）、冬船（海沧船）、哨船（草撤船）、艟舟弄船、快船、乌船等诸种。

明嘉靖二十六年（1547 年），福建盐使姜恩、巡按福建监察御史（金扬）"批允于（福州）南台新港口建立分公司，召商造船"。所造船舶规格模式，由官定例。起先，有商人陈世贤等金呈打造牛船 20 只，又有"船户蔡复兴等金呈打造制船"，还有"商施甫、郑文与蔡复兴等合造剥船八只，第帮样船二只"。从此，官府召商人造船，以金呈报批手续，所造船只专门用于官盐的运销。这种"官召商营"的造船业，有点类似现在的民营企业向政府承包工程的模式。

随着海外贸易的兴起，造船获利丰厚，民营造船业得到较大的发展。民间造船一艘所需银子八九十两，但是"有造一船送贼，得银三四百者；制一篷与贼，得银三十两者"，因而出现"人冒死往，不能禁也"的现象。

明末清初，活跃于东南沿海的郑芝龙、郑成功等海商集团的巨型商舶，以及驰骋海上的林道乾、蔡牵等海上势力的船舰，大多是在泉州、漳州一带的民间造船所建造的。

明清交替之际，郑芝龙以台湾海峡作为依托，跨海踏浪，在台湾建立政权，拥有庞大的船队，称雄闽台海疆，远涉外洋，纵横三千公里的海域，抗衡欧洲人的海上霸权。郑芝龙降清后，其子郑成功继续据金门、厦门抗清，完成驱荷

明末厦门船模型

复台事业。他采取"通洋裕国"，以商养兵的策略，在厦门、鼓浪屿和闽南的东山等地，大造商船、兵船，积极发展海上贸易，大力扩展水师，掌控海权。清康熙二年（1663年），郑经在厦门大造战船，同时招募兵员，据称每人每月给银五两。这是清初同安、厦门大规模造船的最早记载。郑氏海商集团在厦门的经营，使厦门出现历史上的第一次勃兴，为厦门造船业的发展创造极其有利条件，奠定了扎实的根基。

清初，福建"沿海新造贸捕之船，皆轻快牢固，炮械全备，倍于水师战舰"。雍正七年（1729年），设泉州船厂，修造水师战船，当年承修48艘。到了乾隆年间（1736—1795），官方造船厂都选址在盛产木材的地方，福建就设有福厂、泉厂、漳厂和台（湾）厂。而由于制作大桅的全木缺乏，官方的泉州船厂开始在厦门购买"番桅"和一些舶来品的造船器材，从东南亚进口的桅木有铁造、蜂仔代番、甘拔、郁木、白犬、卖色、打马等。

此后，厦门逐渐形成为闽南的造船业中心。

清代船寮造船业

厦门四面环海，在还没有民用航空和高集海堤尚未建成之前，岛上居民与岛外的往来，不论远近，全靠船只交通。因此，几千年前，厦门就已开始有造船的历史，只是没有文字记载而已。

远在宋代，厦门已经有五通渡（路）头，东渡渡（路）头和土地公祖庙渡（路）头。古时候的渡头、路头就是现在的码头。而到了明代后期，有些经营海上走私贸易的商人，已在厦门及其周边的小港口，"私造巨舶，岁出诸番市易"。能在太平洋上航行的"巨舶"，当然不会是载人载货不多的小帆船，说明造船业已有一定的规模。

清康熙二十三年（1684年），台湾的郑氏政权降清，实现全国统一。清廷开放海禁的同时，宣布祖国大陆对渡台湾，厦门是唯一的口岸，出现厦门与台湾之间的海域"船舻相望，络绎于途"的景象。厦门商船对渡台湾鹿耳门，

"向来千余号，配运兵谷、台厂木料、台营马匹、班兵、台饷，往来官员、人犯"。

直到雍正三年(1725年)，福建巡抚毛文铨在上呈雍正皇帝的一份奏折里还这样向皇帝报告："每年至少有五百至七百艘台湾商船停靠在厦门，而实际数量可能还不止。"

道光年间的《厦门志》说，厦门的商人"以贩海为利薮，视汪洋巨浸如衽席，北至宁波、上海、天津、锦州，南至广东。对渡台湾，一岁往来数次。外至吕宋、苏禄、实力、葛喇巴，冬去春回，一年一次"。航海贸易的繁荣，促进了造船业的发展。投资造船业的大有人在，据道光《厦门志》揭示，"有倾资造者"，也有"富民自造商船，租与他人……""造大船费数万金，造船置货者曰财东，领船运货出洋者曰出海。司舵者曰舵工，司桅者曰水手，亦曰亚班；司缭者曰大僚，相呼曰兄弟"。造船业的迅速发展，出现船工大欠缺而厦门的劳力资源又不充裕，只好打开大门，向邻乡邻县招工。史料报露，与造船业相关的"土、木、金、银、铜、铁诸工，率自外来"，并在厦门定居落户，"舵水人等借此为活者以万计"。

清代厦门造船的场所不叫"船厂"而叫"船寮"，"寮"是厦门方言，指的是茅草或木板搭盖的小屋。厦门方言的"寮"还有另一种解读，称作坊或工棚为"寮"。可以想象，当年厦门的造船场所，大都是在海边的平地上搭起小茅屋或木板屋的手工作坊，因陋就简，没有什么机械设备，靠的是人力和古老的斧头、锯板、凿、钻等工具。茅竹或木板搭成的寮，只不过为避太阳晒和避风雨。

清朝厦门的造船处主要分布在四个地方，沙坡尾船寮在建造"官船"的同时，也建造民船，帆礁（今第一码头）第一码头附近以建造商船的船寮为主，而东渡码头附近则是以建造民船的船寮为主，

木船

停泊厦门港内的木帆船

土地公社渡头（今左营路、开元路口）附近建造舣舨船的"夹板寮"。

厦门的民船分为4种类型，即商船、小船、渔船和洋船。其中商船又分为横洋船和舨艚船，横洋船是因为由厦门对渡台湾鹿耳门，需要涉过黑水洋。而黑水洋南北流甚险，船则东西横渡，故谓之"横洋"。这种船船身梁头二丈以上，主要是配运台谷，以充内地兵糈。台防同知稽查运配厦门，厦防同知稽查收仓转运。横洋船也会从台湾载糖到天津去贸易，这种船船体较大，谓之"糖船"，统谓之"透北船"，配运的谷物也多。舨艚船又分南艚、北艚，南艚船主要是贩运货物到漳州、南澳、广东各处贸易的商船。北艚船则是到温州、宁波、上海、天津，抵达山东登州、莱州和东北锦州贸易的商船。船身略小，梁头一丈八九尺至二丈余不等，不配台谷，统谓之"舨瞻船"。

清代的船寮，不像现在一个工厂就可以造出一条船来，而是分散到几个寮建造船上的各部位，然后集中起来拼凑成一条船。厦门很多的街道路名,至今保存着古近代造船工业的痕迹，如现在的福茂街打索埕（思明北路公交停车场后面)，是打造船用大麻绳的地方；造帆的工地，设在帆寮街，即今大同路大井脚巷；造船用的滑轮，厦门话叫轳辘，其工地在今古营路；船用竹竿的地方是竹仔街，即今横竹路。开元路中段有条小巷叫"舣舨寮"，是打造"舣舨船"的船寮。

厦门港沙坡尾的造船厂，不但造"官船"，而且也大量建造民船。民船分为商船、小船、渔船、洋船等4种。康熙四十二年（1703年）规定商船用双桅，到了乾隆三年（1738年）又规定商船可以代渔船。而渔船有两种，一种是单桅的，一种是双桅的。据柏拉德著的《复仇神号航行战记》记载，道光二十一年（1841年）6月英军在厦门港，发现一艘正在建造的300吨大帆船，"放在一座正规的欧洲式干船坞内"。由此可见，那时候的厦门建造木帆船已具有相当的水平。

除商船、渔船之外，还有民间小船，俗称"舢板"，或揽载客货，或农家运载粪尿、柴草。这种小船都是有底无盖、单桅、双橹，也有单人操双桨的。小船有石艋、溪艋、估仔等，式样各不相同。

军工战船厂

清初，泉州府在水仙宫（今水仙路、晨光路之间）设军工战船厂，修造用于军事上的战船。当时人们把这个厂称为"官船厂"，道光《厦门志》载："军工战船厂，前在厦门水仙宫，右至妈祖宫止。泉州府承修时所设。"战船厂专门修造大小战船，大的战船船身长九丈六，船板厚三寸二。"厦门海道四达，帆樯毕集。水师巡哨防守之所需，于战舰尤重"，为此，康熙二十七年（1688年），厦门港设立水师提标中、左、右、前、后五营，并配备赶缯、赶艍战船70艘，每营14艘，分别以海、国、万、年、青五字编号。这些战船，交各府道监造，按时完成。清朝廷还规定，大小战船每三年小修，五年大修。

雍正七年（1729年），厦门军工战船厂改归汀漳道，遂废。军工战船厂遗址，成为周边居民建楼搭屋的好地方。到了乾隆元年（1736年）六月，闽浙总督郝玉麟上疏朝廷，称"……兴泉永道久经改驻厦门，亦为百货聚集之区，原有旧厂可以修整，应将水师提标中、右二营

扬帆待发的木帆船

明代航行日本的厦门船

战船二十六只改归泉厂，连额为修船共七十九只。后因屡有裁改，减额为修船四十八只。"经朝廷同意，原设泉州的船厂随之移设厦门。复建的军工战船厂设于妈祖宫之东，南临海，北临港，东西四十丈，南北十五丈。盖造官厅三间，护房六间，厂房四间，厨房一间。左右前后围以篱笆，设有官厂、护厂、厂屋、厨房等十四座建筑物。在其东侧附近设有龙泉宫渡头，停泊待修或修竣的战船。后来，军工造船厂又迁到厦门港玉沙坡的海屇寺（今沙坡尾）。解放后的厦门水产造船厂，就是在这个清代官船厂遗址附近建立起来的。

在水仙宫船寮背后一条依山傍海的街道，毗邻水陆交通十分便利的"岛美渡头"（今中山路、水仙路口），这里客商往来不断，"百商云集"，行人熙来攘往，加上造船工业发达，船寮工人众多，异常热闹。厦门人称这里为"寮仔后"，是清朝中后叶厦门最繁华的地带。乾隆年间诗人陈迈伦，对当时水仙宫盛况是这样描绘的："近城烟雨千家市，绕岸风樯百货居。"

为加强海防力量，乾隆二十九年（1764年），清朝廷要在"厦门置造战船，需费甚巨，各洋行自愿帮贴洋银七千元"。但厦门官员却不敢接受，据查，这是因为不久前闽浙总督杨廷璋因接受洋商贿赂被查处革职，官员们心有余悸，不敢轻易接受。后经协办大学士陈宏谋和托恩多上奏，澄清这次洋商捐款，"情因急公，非官为科敛者比"，洋商捐款修造战船一事才得以妥善解决。

道光元年（1821年），厦门战船厂承修战船48艘。军工造船厂兼修商船和来自外国的"番舶"。乾隆五十一年（1786年），吕宋船户郎巴兰丝宝哥内礁唠前来厦门贸易，途中遇上大风浪，船舶受损，就在厦门军工厂维修。道光二十五年（1845年），还造奉天金州营战船，并派水师官兵驾送奉天旅顺口交收。但由于鸦片战争后出现的新形势，军工造船厂业务逐年减少，终于关闭。

同安梭船

在蒸汽轮船出现之前，同安梭船曾经作为我国最优秀的木帆船船型在全国全面推广。

同安梭船是同安建造的一种远洋木帆船船型，据周凯《厦门志》记载：清乾隆六十年（1795年），同安梭船因其性能优越，被选定为全国水师装备的主要战船，江苏、浙江、福建、台湾、广东各省的官办造船厂都承造这一名船，不仅在东南沿海各水师配备这种战船，还武装了北方海港的水师，如奉天金门营、天津水师绿营等。

同安梭船主要用途，还是大量用于做深海远洋客货运输和捕鱼，即商船和渔船。其性能优越，其设计建造技术先进，有些技术创造，至今仍为现代科技常用或研究的课题。

同安梭船的兴起

我国的海外交通，到中世纪，其发展已达到鼎盛时期，学术界常称之为"海上丝绸之路"，北航高丽（朝鲜）、日本，南达东南亚、阿拉伯、非洲诸国。当年的泉州，帆墙林立，梯帆万国，商旅云集，作为海上交通工具的船舶，"海舟以福建船为上，广东西次之，温明州船又次之"，据《宋会要》记载："漳、泉、福、兴化，凡滨海之民所造舟船，乃自备财力，兴贩牟利而已。"福建沿海在对外开放贸易的潮流中，各地普遍建造海船，北宋《太平寰宇记》说海舶是泉州、漳州的一项土产，足见其生产的规模和地位。

早期的海舶，由于考虑安全和讲究气派等因素，倾向于大型化，典型的名船如宋徐竟奉使高丽的客舟、神舟，元马可·波罗的刺桐海舶，特别是明郑和七下西洋乘坐的宝船，长44.4丈（125.65米），宽18丈（50.94米），已达到了登峰造极的地步。但是大型化的结果，无论是建造，或是操驾航行，困难都是很大，明嘉靖年间，俞大猷、戚继光以大福船抗倭，其"福船高大如城，非人力可驱，全仗风势。倭舟自来矮小，如我之小苍船，故福船乘风下压，如车碾螳螂。斗船力而不斗人力，是以每每取胜"（《筹海图编》）。这是大型战船的威力，大福船的长度13丈（约30多米）。明末清初郑成功以金、厦两岛为基地，拥有东南海域的制海权，所用战船主要是水艍船、赶缯船，长度 8～9 丈（20 多米），长宽比加大（接近 4）。关键是提高航行速度，郑成功船队挥师东渡，驱荷复台以后的 130 年间，清兵建设的水师，基本上仍以水艍船和赶缯船为主战船，乾隆六十年（1795 年）因实用中感到"赶缯船笨重，驾驶不甚得力，改为同安梭船式"，并"奏请择其已届折造大修及将届折修者，仿照同安梭船式，分别大小一、二、三等号，通省改造八十只"。到嘉庆四年（1799 年），"复将未改各船改造同安梭船"。至此全省都用同安梭船，"嘉庆十一年，巡抚温成惠奏，添造大横洋梭式船"，即对渡台湾，"涉黑水洋，黑水南北流甚险，船则东西横渡"。具有抗风浪和海流的大型同安梭船，还装备北方水师，"奉天金门营战船，闽、浙分造，福、泉二厂各一只，船系二号同安梭并杉板""天津水师绿营，分江、浙、闽、粤四省承造，嘉庆二十二年，补造大号同安梭四船，小号同安梭四船……并杉板"。至此，同安梭船已为官方确定的全国水师装备的战船。据嘉庆《大清会典事例》卷 575 及光绪《大清会典事例》卷 712 的统计，清代嘉庆朝以后，各省海防战船总数以同女梭船占首位，共 365 艘，约占全国的 40%。

从同安梭船的兴起，我们可以看到这种船型的适用性和实用性：首先有抗强风险浪、巨大横流的航行安全性，这是台湾海峡这一特殊海况，经过无数实践考验而得出的结果；其次提高了快速性，这就提高了运输效率，对打仗则增强了快攻能力。还具有较大的航行经济性，这也是现代船舶设计的一个主要指标。

继承福船的优秀结构和优越特性

福船是中世纪以后我国远洋船舶的优秀代表船型，这不仅有大量的历史文献记载，而且有很多考古发现的福船为古代的造船技术提供最宝贵、最确切的资料，如泉州湾出土的宋船，韩国的新安元船等，这些设计精湛，性能优越的海船，曾驰骋于中国海、太平洋、印度洋，其主要特征有以下几项：

□船形特点

尖底，两头高翘的船体造型。这是适合于常有风浪海域的主要特征。尖底的优点：吃水深，稳定性高；易于破浪，减少水的阻力；抗风力强，可增加航速；容易保持船身的平衡。船体的水平剖面呈前尖后倾的椭圆形，如水

中浮游的水鸟,这正和西方人所效仿的鳕头鲭尾,则前顷后尖相反。实际航行测试与现代流体力学都证明:中国人的这种仿效水鸟制造船体有利于减少阻力,稳定性强,最能发挥航行速度。

□船体结构

龙骨

这是福船的脊梁,前段连接首柱,后段连接尾柱,成为船的基本骨干受力部件,配合横向连接的肋骨,形成整船的总架构。

船板

福船的船板,选用当地生产的杉、松优质木材,设计工艺非常巧妙,加工制造极为精密,使船壳形成一体,至密无缝。船板平面的拼接有多种方式:平口拼接、斜接、搭接(鳞接)和企口接,并采用铁钉或竹、木钉、锔钉等固紧,还用竹茹桐油灰填缝。船壳板有单层或多层,泉州出土的宋船,船底从主龙骨起向上到第十行为二层,舷侧板第十一到第十四行为三层叠合,可能舷侧板是船上易受到碰撞的部位。以上种种措施,足以保证船壳在长时间浸泡海水中,大面积又内外承受重压,并且风袭浪击的复杂受力时,仍然保持坚固持久,滴水不漏。

稳(水蛇、舭龙骨)

北方船称大樀,这是一种用于防止海浪、保持平衡和增强纵向结构强度的设计。宁波发掘的宋船就有这种半圆形的护舷木,我国在汉代早已出现,而外国开始用舭龙骨是在19世纪的头25年。

大福船

福船一槽哭水太探起上涎重惟二号福船今常用之

多层甲板

据泉州湾宋船的复原研究，所出土海船首部有二层，尾部有三层甲板。文献记载：大型海船有四层甲板。以上是船体纵向受力的主要构件。

水密隔舱

船体内部以隔舱板分成若干舱室，连接处黏缝致密，形成独立的不进水的空间，就是水密舱。隔舱板原来是船板弯曲加工的工艺装备，由撑梁改进而来，从小船到大船，船加深，板数增多，梁扩展成隔壁舱板，再紧密黏缝即成水密舱。隔舱在西汉时即已出现，扬州施桥出土的唐船，有明显的五个水密隔舱。这是中国发明的造船学的最基本原理，西洋人到 1787 年才计划引进这项中国技术。1795 年，英国海军造船才采用这种新技术。

□风帆特色

福船主桅风帆早期为梯形竹篾硬帆，后来改用刀形斜桁纵向布质硬帆，又有一种系列操纵索具的灵活驾驭，与尖底船体结合，迎风航行海上，能使船体悬浮倾斜，并根据风力大小、帆的受力面积、船体和载重量、海流和风向等各因素，综合调节作用力的中心，如尖刀劈浪，乘风前进。配合操舵，还可巧驶八面风。

福船常用三桅，以增加推动力，最多有九桅。风帆除了主帆之外，还有辅助帆或称附加帆，如三角帆、四角帆，（方巾顶）头幞等。这些帆可以配合主帆以最佳采集风力，有效推进船舶前进，特别是在无风区航行时，更有必要。这些辅助帆，大都是软帆，也有国外常用的一种帆，说明我国船帆以硬帆为主，软帆为辅，而外国船帆基本上只是软帆一种。

渔船

主帆操作有一系列索具操纵控制，包括主帆升降、主帆转动、帆面偏移（相对桅杆）、帆顶偏斜、落帆支架等，并都配有滑轮组以及绞车传动系统。操作灵活轻便，能快速应付风云瞬息万变的气象和复杂的海况。中国风帆具有东方特色，是人类利用自然力的一项重大发明，从结构学、力学和自动调节原理上，均很有科学性。

□船体防护和外观彩绘

福建盛产油漆和桐油，船体个构件受到风吹浪打和海水浸泡，因此都应涂油防护，以提高使用寿命。海船有一特殊要求，防治海蛆钻吃船板。海蛆能直穿船板，一虫钻孔直径达 3 毫米，钻通就最后导致全船沉没，船家极为重视，时常检查防护。福船习用搁浅沙滩烧烤，水线以下涂刷蛎壳白灰，勤烧勤刷，经常保持白色，所以这种船又叫白底船。其他还有多种，如涂刷白灰后再铺一层薄船板；定期开到淡水中浸泡杀死海蛆，船板密钉铁钉子，入水铁钉周围锈蚀，海蛆不敢入侵等。总之，为此试验了多种有效的防护方法，并做到防护与外观美相结合。

中国漆艺至少已有 7000 年以上的历史，浙江河姆渡遗址就有漆器发掘出土，广州汉墓的船模，彩绘十分精美。福建盛产建漆和桐油，这是最好的防护涂料，船上广为采用，包括船体、帆、索具、各种用具等。福船还利用这些防护油漆，绘制各种美丽的图案，这是从汉代承袭下来的传统，而福船是保留最为完整的，一般有传统民俗画如船眼（龙目）、泥鳅（水蛇，据说是船神），船艏照水板画日月拱照，船艉画龙凤牡丹。福建花船有时画上吉利的历史故事，如八仙过海、三藏取经等。有的是对联，如"顺风相送"、"顺风顺水顺人意，得财得利得天时"，其他有各种几何配色图案，各地稍有差别，加上风标（形态各异，如鱼、鸟等）彩旗、神灯，"彩绘华焕"，甚为壮观。

同安梭船的重大技术创新

古时同安水域宽阔，滨海乡里居民习于造船航海，所造木帆船，仍属福船型，并承袭了福船已有的很多优良结构和优越性能，但又有进一步的发展和创新，《同安县志》、《厦门志》、《金门志》中均作了详细的记载。下面简要叙述同安梭船一些主要的技术创新。

□船型向实用快速化发展

历代福船的尺寸和船型特征的主要指标——长宽比，同安梭船做了两个主要改进：一是实用化，船长选得适当，不盲目追求大型，而是从木材利用和建造条件，以及操作、使用要求的实际条件出发，确定合理船长；一是快速化，在保证安全前提下，长宽比值提高，这从以下各种不同尺寸参数比较表即可看到：

表1-1　各种不同时期福船尺寸参数比较表

船名	船长（丈）	船宽（丈）	长宽比	资料来源
（宋）泉州海船	12	4	2.5	《泉州湾宋船发掘与研究》
（宋）一千料船	7	2.5	2.8	《宋会要辑稿》
（明）郑和宝船	44	18	2.5	《明史》
（明）福船（大）	13	4.5	2.9	《洗海近事》
（明）福船（小）	8	2.8	2.9	《洗海近事》
（明清）大赶缯	9	2.3	3.9	《闽省水师各标镇协营战哨船只图说》
（明清）小赶缯	4.5	1.4	3.3	《同上》
（明清）大小艍	7.5	2	3.8	《同上》
（明清）小水艍	4	1.1	3.8	《同上》
（清）同安梭船	10	2	5	《金门志》

□同安梭船外形的重大改进

呈梭子式，这个重大特点也就用之以命名。船体成梭式，即具有现代流线型的结构外形，对以高速运动物体，这是提高航行速度的最有效方法。木帆船这一运行在空气和液体两种不同性质流体界面上的运动体，从空气动力学和流体动力学原理分析，梭形可以减少行驶时的运动阻力，以提高速度；从材料力学上看，梭形是具有变截面等强梁设计的概念。一般船舶的受力计算是假设船体为一两端自由支撑的横梁，海浪两个波峰之间的距离等于船长，全部重量以集中力的形式作用在船的中部（这时船中底部受拉力，如果两个波谷之间的距离等于船长，则船中甲板受拉力），受力最危险点在船的中截

面，然后向两端逐渐减小。梭形结构，即符合这个受力特点，最经济地使用材料。

□ **同安梭船的船体结构**

除了如福船有坚固的纵向龙骨、船板、稳和横向的隔舱板，梁以及深向的肋骨，多层甲板等主要受力构件外，据《金门志》记载，船体内部还有"蜂房"结构，即相当现代新科技中所用的"蜂窝机构"。这是一种以最少的材料消耗，获得最大的强度和刚度的结构，一般飞行器设计中最常采用。

□ **主桅杆的预弯曲设计**

木帆船的主帆承受着风压的最大推动力，然后作用在接近船长的高耸的桅杆上，桅杆底部插入到船底，就将推力传递给船体，从力学上看，桅杆有如一头固定一头自由的固定端梁，在迎风受力时，会产生弯曲变形，影响到帆的受力和操纵。同安梭船将主桅杆制作成有反方向的微弯曲变形，其挠度正好使受力后与桅杆那变形叠加结果成垂直线状态，这种设计也是现代科技的一种新技术，如桥梁、屋架等构件常有采用这种预应力或预变形结构。

多桅杆船桅杆的前后错位配置，主桅杆向船尾方向倾斜等多种先进技术，到 19 世纪欧洲才了解到这样设计的优越性。

同安梭船的系列化和修造规范，这是普及推广、进行科学管理的重要措施，周凯在《厦门志》中将同安梭船系列分为五等，以梁头尺寸表示，并且制定了新建、改造、大修、小修的费用（见表 1-2），这样才有可能使同安梭船从同安地区走向全国。

表1-2　同安梭船系列

型号	梁头尺寸（丈）	新造价	折造价	大修价	小修价（白银：两）
大横洋（集字）	2.6	5924	3849	2619	1874
大横洋（成字）	2.4	5077	3299	2245	1607
一号同安梭船	1.9	1016	747	508	364
二号同安梭船	1.65	799	588	400	286
三号同安梭船	1.5	744	547	372	266

□风帆的尖刀形状

　　根据经验，帆船推进风力最佳值是 3～5 级，小了走不动，大了不安全。原同安海域年平均风速 3.2～4.6 米／秒，相当于 3 级，这是比较好的风力资源，很适于帆船航行。但是这一海区在低风速时，风速变化幅度很大。阵风风速可能达到 1.8 倍以上，这种突然的强风，不经心就会遭受不测。帆船老大一般都很机敏，又有丰富的观测气象变化的经验，加上我国的风帆及操纵系统设计，有快速升降的绞车、滑轮组和绳索系统的密杆硬帆，能在这些有气象突然变化的海域及时操作适应，以策安全。

　　同安梭船的风帆刀锋尖高，又有专门索具调刀锋翘度，就是为了在风力小时，能最有效地利用风力。因为水面以上风的压力分布，由于水面摩擦力的影响，在垂直高度上是有变化的，在水面上是等于水的流速，接近为零，向上到 6 米为风压值。根

据这个原理，同安梭船风帆做得特别尖，以便在风力小时能有大的推力。

风帆的后沿，即扇弧的一边呈机翼装（一般福船是直边），根据实践和试验，其空气动力性能较好，这不但适应台湾海域的地理环境，也适应这边海域的气象要求。

总之，同安梭船的技术发展，已使福船的性能达到了最完善的程度，并成为我国先进海船的代表，《同安县志》、《厦门志》、《金门志》对此做了极为详细的记述，这是其他志书所未见到有如此记录和说明舟船技术及有关材料的。可称为造船专家的周凯在他主编的《金门志》中，精辟地总结了建造和检修同安梭船，实际上也是所有木帆船的设计原理，"大要造船，在主者留心，工匠遵法，尺寸合度，方可适用。其龙骨每丈配大风檀各有等差，然因时变通，又在乎人，船之永帆与否，在于八尺之宽窄；船之宜水深浅，在于其底之或平或尖；船之冲浪与否，在于鸡胸之肥瘦；船之利水与否，在于收尾之或高或低。船身配长，则舵叶用窄，船身配短，则舵叶用宽。桅照水则缭宜紧，所谓分缭寸舵也。遇碇地烂泥，碇绳须垫草鞋，以防拖脱；风浪大时，缆须生根，以防断折。潮退时，须将船底翻起半面，焚于草，再以蛎灰涂之，战船月一燖洗，方无蛀患。至厂中修船，估价太廉，则板薄钉稀，况丁胥刻减，工匠取赢，工既不精，事何由济。故欲船坚，须加工料，监督之员必委勤慎，使工匠无敢串通，丁胥无从高下其手，则战舰得资实用矣"。

同安梭船的总体布置也成定制："闽之汛地，俱近外洋，非同安梭式赶缯船不可以攻大敌"、"大赶缯"之制，长十丈，广二丈，首昂而口张，两旁为波护以板墙，人倚之以攻敌。左右设闸曰水仙门，人所由处，左曰路屏，右曰帆屏，泊船即架帆于此。中官厅，天后厅左右小屋各三间，曰麻篱。厅外总为一大门，出官厅为水舱，左旁设厨灶，置大水柜。水舱以前格舱为六，迄大桅根格堵，乃兵士寝息所，下实米、石、沙土，以防轻飘。口如井，板盖之。桅高十丈，篾帆律索，插花皆备。另有小舱二格，乃水手所居。头桅亦挂小帆，短于大桅，头桅前即益首，安碇三个。碇用铁力木，重千斤，棕恒百数十丈，有铁钩曰碇齿，以泊船者。厅中格曰圣人，安罗盘，即指南针，以定方向。后曰舵楼，左右二小屋，舵楼右小桅，挂帆曰尾送。另备小艇，一曰杉板，以便内港往来，大船行则收置船上，小船即佩带杉板于船旁。

这些已成为我国木帆船（包括战船，商船和渔船）的标准设计。

同安梭船的历史作用和影响

　　风靡一时的同安梭船，当 19 世纪中叶我国的蒸汽轮出现之后，逐渐被其替代。经过一个多世纪，今日所有木帆船已几尽绝迹，但作为一个时代的全国优秀船型的创造，它留下了一笔取之不尽的精神财富，就是同安人追求科学技术的顽强拼搏精神，向外开拓探求理想事业如大海般的宽阔胸怀，以及刻苦耐劳逐波击浪不屈不挠的作风，这是我们需要继承和继续发扬的。

　　〔附注〕"同安梭船"一节是长期从事航海史和造船史研究的集美大学航海学院高级工程师陈延杭的科研成果，文章原题目是《同安梭船之最》，刊载于1996年10月第二届世界同安联谊大会《国际学术研讨会议文集》。经征得作者同意，收入本书。原文最后一节"同安梭船的历史作用和影响"，只保留最后一段。

洋商船舶工业

厦门船坞公司

　　鸦片战争以前的中国，是一个主权完全独立的封建国家。但是从道光末叶就呈现出江河日下之势，封建制度严重地阻碍着新的生产力的发展，统治腐朽，吏治败坏，海防空虚，军备废弛。长期实行的闭关锁国政策，又严重地阻碍了中国对外贸易和社会政治、经济的发展。1840年，英国对清政府发动了第一次鸦片战争。清政府在英国炮舰的威逼下，于1842年8月29日与英国签订了中国近代史上第一个丧权辱国的不平等条约——中英《南京条约》，开放广州、厦门、福州、宁波、上海为通商口岸。英国在中国的进出口货物关税，须由中国与英国共同议定。从此，中国逐渐沦为主权不能独立的半殖民地、半封建社会。

　　五口通商开辟后，福建独占两口——福州和厦门。作为被迫开放的对外贸易港口，厦门与福州开始有大量外国商品输入，并长期在对外贸易

1858年，英国人创办的厦门船坞有限公司在今第一码头附近建成，翌年正式营业。该厂拥有一座花岗岩砌成的干船坞，能修造长度310英尺的船只

上成为入超商港。太平天国运动爆发后，进军长江沿岸，以崇安为中心的福建山区通往九江的内陆商路阻塞，茶贩们陆路裹足不前。1854年，福州开禁海上茶市。随后，由厦门输出的茶叶、糖类、纸张等开始逐年增加，进出福、厦两口的外国商船数量也骤然猛增。为了满足为数较多的船只维修的需要，一些外商选择在厦门直接投资设立修船工厂，加紧对中国的经济掠夺与劳力资源的榨取。

1859年2月12日，在华出版的英文报纸《北华捷报》（North China Herald）第二版刊载了一篇《厦门船坞启事》：

> 本公司董事敬启各位船商、造船所有者、船主以及社会公众各界，厦门船坞有限公司将于五月一日开业，届时将对外承接船舶业务。厦门船坞之规模，长300英尺（91.5米），宽60英尺（18.3米），完全由花岗岩建造而成，地基牢靠。本公司备有大量的桅杆、圆木、铺板、钢板、金属涂料、螺栓等材料，它们将以最优惠之条件为船只维修提供便利。
>
> 本公司由经验丰富之经理全权领导，一批又一批素质较强的船匠、铁匠将不断充实本公司之职工队伍。
>
> 以董事之名誉、秘书包玉德（T.D.Boyd），1859年2月22日于厦门。

厦门船坞公司管理人员合影

这家公司的建立早于1866年左宗棠在福州马尾成立的"福建船政局"8年，是鸦片战争后西方国家在福建建立的首家工厂，英国人马丁在文章中称其为："这是中国机器工业之第一株幼苗"。

由英国人在厦门设立的这家厦门船坞有限公司（Amoy Dock Co.），厦门本地人称之为"大船坞"。

咸丰九年（1859年），厦门船坞公司开业，起先只经营帆船和小汽轮的修理以及销售造船材料业务。公司最初在厦门的英国租借地"海后滩"附近海滨浅滩草创两处勘验船底的设备，并在鹭江畔北侧兴建一座300尺

厦门船坞公司的木工车间雇佣了许多厦门工匠

长、60 尺宽的花岗石干船坞，修理不超过 300 英尺长的船只。英国人魏尔特主编的《二十世纪香港上海及中国其他商埠志》有这样的记载，厦门新船坞公司的船坞虽然建于 1858 年，然而公司直到 1892 年才以 67500 美元的资金在香港注册登记，"该公司主要经营船舶、机械、动力机器、船体、锅炉的建设以及铜铁铸造等业务。公司拥有一个极好的花岗岩干船坞，能修造长度为 310 英尺的船只。船坞里还设有金工车间、铸造车间、锅炉房、锻工车间、木工房，这些车间都装配着先进的设备。在防波堤上安装了一台 20 吨的起重机，用于装卸重物，车间内常用机器有能轧制 18.5 英尺金属板的机床，能冲剪 1.25 英寸金属板的冲床以及加工量大尾轴的镟床，铸造车间能制造 5 吨的铸件。该公司拥有 200 名优秀工匠"。

由于厦门的潮水涨落差很大，潮水涨落平均为 14.5 英尺，满潮超过 16 英尺，因此船坞的建造与使用就特别方便。

1863 年，外商又在厦门建成另一家修造船只的"白拉梅船坞"（Ballamy Dock）。

　　虽然清政府与英国签订的《江宁条约》有"因大英商船远路涉洋，往往有损坏须修补者，自应给予沿海一处，以便修船及看守所用物料"的内容，并为此割让香港作为修船之处，但条件并没允许英国在香港以外的地方设厂修造船舶，可见英商在厦设立船坞，完全是侵犯中国主权，损害中国权益的行为。但是因为清政府官吏的腐败无能，根本不知权利的关系，对英商的违约行为不闻不问，任其所为。

　　1864年，英国人加斯（John Cass）出任厦门船坞公司经理。为了和上海、香港地区的船坞竞争，同治六年（1867年），船坞公司兼并了白拉梅船坞。当年9月间，公司在鼓浪屿内厝澳动工新建第一座船坞，坞内设浮门，大蒸汽抽水机，并附设机器、金工、木工车间与仓库。大石坞长286英尺，平均满潮时水深达16～17英尺。坞内装备有浮门，有大的蒸汽抽水机，厂房包括一座机器工厂，一座铁工木工厂，皆由欧洲人任监工。计有造船师一人，工程师一人，铁工一人，另有仓库一座，以备储存船中的货物之用。在鼓浪屿新建的船坞，与上海、香港的船厂相比，规模比较小，但是其设备"能应付进出厦门各种船只修理的需要"。

　　同治六年（1867年），该船坞还建造一只小型汽机拖船，并航行于厦鼓海峡之间，其吨位虽小，但比马尾船厂首次制成的"万年青"号轮船（排水量1450吨）则早了三年。在国内，当时这已是颇为轰动的事件。

　　自1862年至1867年，厦门船坞公司共修理木壳帆船328只，因生意很好，从而着手扩充设备。接着，公司开始制造小轮船在厦门港内航行，和本地的小舢板争抢生意。公司还参照外国先进的轮船制造技术制造小轮船，不仅能适

厦门船坞公司工地外观

厦门新船坞公司的机器车间，有钻床、车床和镟床等设备。

厦门新船坞公司的锅炉车间

用于厦门内港和邻近乡镇之间的航行，还能够进行较短距离的远洋航行。1868 年 7 月，英国莱克公司在上海购得一艘取名"飞云"号的小轮船，重量为 28 吨，就是 1866—1867 年间厦门制造的。这艘轮船悬挂英国国旗，开赴日本长崎。

　　厦门船坞公司的生意，好坏有两个因素，一是依靠进出厦门船只的多寡，和附近海面上船只损伤情况、机器需要修理的情形。另一个是依靠自身工厂的设备。一个设备充足的船坞工厂的价值，在于能够适应中国东海岸的这种需要。因为 1868 年发生的几次船舶灾难，所以厦门船坞公司的生意比 1867 年要好。与此同时，厦门船坞公司仍继续经营造船材料的销售。例如同治七年（1868 年）十二月，清政府的船政大臣沈葆桢，就曾派员到厦门船坞公司购置"曲木四十一片，直木一百二十九根"。

厦门新船坞公司和厦门机器公司

　　航运的发展总是推动着修造船业的发展。而修造船业的发展又增强了港口的功能，一个港口的繁荣兴旺，很大程度上取决于船坞的工作效率及维修能力。随着进出厦门港轮船数量的增加，并且不断向大型化发展，厦门原有的造船厂已相形见绌，船坞过小，设备陈旧，只能修造旧式帆船及小型轮船。船厂业务的继续扩展，要求与之相适应的机构。于是在光绪十八年（1892年），英商厦门船坞公司改组，由5个外商轮船公司（太古洋行、怡和洋行、德记洋行、和记洋行、荷兰轮船公司）集资组建，而在香港注册分公司，更名为"英商厦门新船坞有限公司"（The New Amoy Dock Co. Ltd），股本为67500万美元。董事会由怡和等五个洋行派人组成，选出经理一人。设有工程师、总监工、会计员各一人，绘图员两人，书记及材料管理员若干人。经常雇用工人数约三四十名，遇有需要招雇临时工人无定额。需要说明的是，当时厦门富绅叶崇禄、傅政、黄书传等，也都是股东之一。有资料揭示，新厦门船坞公司开办的实际投资远远超过67500美元，在改组之前，投下的资本前后一共达到13万元，改组以后，单是在设备更新和改进方面的投资，就达到了10万元。

　　厦门新船坞有限公司在帆礁附近（今厦禾路）建立的新船坞，坞塍、坞底全部是用石条砌成的，故有"石塍船坞"之称。坞长280英尺（85.4米），阔40英尺（12.2米），吃水深13英尺（4.3米）。这样便使3000吨级的大型船舶可以进入场中维修。同时，新船坞的轮机舱工场

厦门新船坞公司的锻造车间

也做了改进和扩展,添置了维修设备,大大提高了轮船的维修能力。这个见证厦门船舶工业发展过程的"石塍船坞",历经沧桑,至今遗迹犹存。

改组以后的厦门新船坞公司(The New Amoy Dock Co. Ltd),不但船坞进行了改建,能修长达310英尺的船只,而且在船坞之外,又兴建了机器厂、炼冶厂、锅炉房、铁工和木工等工厂,这些厂房"都装配着现代机器"。新船坞公司除修理汽船外,还兼营各种机器和铸铁业务。

厦门新船坞公司的厂屋,有一座三层洋楼。上层为总办及眷属住所,内有写字间一间,宿舍两间,客厅一间和大走廊等;中层有办公厅一大间,会计室、绘图室各一间,和电话房、大走廊等;下层一大统间为材料库和材料员办公之所。

坞之右边,设有锅厂、铸铁(铸铜)厂、打铁厂、轮机厂、木模厂、锅炉房、材料库等,并有家具房两所,及工人宿舍、厨房等。

各工厂配备:

船厂:大小直锯和圆锯机一副,木刨机一副,木碓机一副,小马力机并小锅炉一副,和其他手工工具。附设拖船机和拖槽全座,用以拖带五六十英尺的小型船只。

锅厂:剪床三架,大小钻床各一架,卷机三架,熏炉多座,和其他手工工具。

铸铁厂:铸铁框多件,大小铸铁炉两座,风机一副,碾床一架,起重机一副,和其他手工工具。铸铜厂附设在铸铁厂内,除应用铸铜机具外,另配备了其他零件。

打铁厂:1.5吨铁锤一座,打铁炉五座,风炉和其他手工工具。

厦门新船坞公司拥有车床、冲床、起重机等设备,并且有一座修船的船台,长度约110英尺

轮机厂：大小车光机、刨机、削机、钻机、螺丝床、砺石机、钳床多架和其他手工工具。

木模厂：借用船厂机件，没有特别设备。

锅炉房：烟管锅炉一座。

材料库：储存五金杂料。

打捻和帆缆工程均为外工承包，并无帆缆厂设备。

坞之左边，建有船厂职员、工人宿舍双层楼房一座。

所有厂屋都有电灯和自来水设备。厂屋的左右附近都是民房。

因为新船坞公司所雇的劳工，工资低廉，超额的剥削，使得公司积贮的资产远超过其资本定额。新公司在以后几年里为适应需要，追加投资共 13 万美元，用于更新设备和技术改造，其中把原有船坞坞长扩了 50 英尺（15.3 米），合成为 330 英尺（约 105 米），但宽度和深度没有改变。坞前高潮时深度 13.14 英尺，退潮满度时只有 1.2 英尺，小潮时更小。因此，经过改造的船坞可以接纳长 310 英尺（91.5 米）的船舶进坞维修。修理稍大的船舶，必须等候人潮，才能进出船坞。这座船坞的基址以后成为厦门海军的修船基地。

船坞原始配备的闸门（坞闸），系用木质制成，年久腐坏，后来配备铁壳坞闸一副，还有铁胁木壳拖船一艘，坞底抽水机一架。坞的外沿安装了载重 10 吨的起重机一座，附近另设拖拉床一座。

《二十世纪香港上海及中国其他商埠志》曾对厦门新船坞公司有过专门记述，创建公司的主要领导人物是罗伯特·亨特·布鲁斯和威廉·斯内尔·奥尔。他们是公司的首任负责人，自从公司投资了将近十万美元的资金用于购置、更新机器设备以后，船坞生产能力比以往任何时候都强。厦门新船坞公司主要经营船舶、机械、动力机器、船体、锅炉的建造和修理以及铁铸造等业务。公司拥有 200 名的优秀工匠，能进行各种船舶的修理。此外，如因生产急需，可随时雇佣到富余的帮手。

至于公司拥有一个极好的花岗岩干船坞和各项设备，上文已细加罗列，这里不再赘引。

新船坞公司的董事会是由德记洋行林雷德·B.马歇尔、WM.威尔逊、A.F.加德纳和 WM.克鲁斯等四位总经理以及咨询部成员组成，"从创办到现在，以经济的观点看，公司的发展已获得了很大的成功，今后的繁荣昌盛是可以置信无疑的。毫无疑问，公司的建立给厦门这个小港带来了生机，增添了光彩"。这家公司的所有工作，是由工程师布莱克 W.罗伯特主管，他是一位精力充沛、经验丰富的经理。

19世纪末，这家公司常年除200多个固定工人外，另根据需要，随时募集临时工。这是厦门早期修造船业的全盛时期。其后，因香港、上海、福州等地修造船业的扩大，轮船质量的提高，更主要的是由于外国资本排挤了福建航运业，改变了厦门、福州原有商品流通的路线，使厦门修造船与机械航业又渐次中落。

眼见厦门新船坞公司的丰厚获利，厦门洋行的华人买办也集资30000美元资本，雇一位爱尔兰籍工程师J.D.爱德华兹主管，挂英商招牌在香港注册，于光绪十九年（1893年）在鼓浪屿设立厦门机器公司（Amoy Enginuning Company，LTD）。《二十世纪香港、上海及中国其他商埠志》记述，这家公司在厦门鼓浪屿有着重要的地位。公司属下船坞能建造汽艇、修理小型轮船、进行各种普通机械加工及铸造50公斤以上的铸件。其船台长度110英尺（34米）以上，专用船台滑道从造船车间向外延伸290英尺（88.5米），大部分的滑道是在水下。船坞设有双马力起锚机和10吨的起重机，拥有性能极好的车床和冲床。这些值得夸耀的设备，可以万无一失地承担完成任何的生产业务工作。

经过100多年的风雨沧桑，这两处造船船坞在解放后成为了今日厦门造船厂的前身。尽管厦门新船坞公司不是清政府的官办企业，与洋务运动也没有关系，但它是当时中国国内最早的具有近代先进技术的造船厂，这个史实却是毋庸置疑的。1869年，美国驻华公使在一份致华照会中称："厦门、上海两港一千余人，学作兵械、兵船、水火机，亟其巧妙。"据1894年统计，厦门近代产业工人已有500人以上，其人数居全国各工业城市中第九位。在中国历史博物馆清代馆近代工业陈列厅中，有一巨幅照片，内容就是1870年前后英商厦门新船坞公司生产车间的情况。从照片中，机床的运转，操作工人的安详沉着，齿轮与零配件叠放有条有理的状况，可以看出第一代厦门产业工人技能的熟练程度。这是一幅珍贵的照片，更是厦门近代工业史上的一件重要史料。

民国时期的船舶工业

民间小型造船厂

　　1946—1949 年上半年，台湾与厦门的海上货物运输与贸易逐渐兴盛，船只往来频繁，有"环东"、"英杭"等多艘 300～500 吨的小轮船，也有不少机帆船和帆船。小轮船和帆船的维修，几乎全部由厦门港沙坡尾一带的民间造船厂包揽。

　　1946 年 11 月，厦门市政府统计室编辑出版的《厦门要览》，载有一份《1946 年 6 月厦门港造船工场概况》表，如表 3-1。

表3-1　1946年6月厦门港造船工场概况

行号	号东	资本（万元）	地址	技工（人）	工人（人）
源成	王秀雄	1000	厦港沙坡尾	3	9
三九	汪三九	1000	厦港沙坡尾	3	9
集升	詹　寅	1000	厦港沙坡尾	3	9
义成	汪炎辉	800	厦港沙坡尾	2	7
源记	五却林	500	厦港沙坡尾	2	7
合顺	郑贼司	500	厦港沙坡尾	2	7
源胜	曾　空	300	厦港沙坡尾	2	7
源兴	林马来	100	厦港沙坡尾	1	5
珍记	谢祥珍	50	厦港沙坡尾	1	5
祥记	汪能祥	50	厦港沙坡尾	1	5

实际上，当年厦门的小造船厂远不止十家，工人和技术人员人数更非表上的数字。例如茂成造船厂，同样在沙坡尾，"概况表"就没有收入。据知情的老造船工人说，起码有技工上百人，临时工三四百人。他们会集在大学路与沙坡尾一隅，主要建造沿海内港木帆船以及渡口用的小划船。虽然厦门的民营造船工场为数不多，但历史悠久，老工人多，技术水平高居全省前列。抗战前，厦门港沙坡头、沙坡尾已有黄霸九开设的"和协成"、王猪司开设的"泉记"、汪地开设的"义记"、陈东开设的"新合兴"、王忙开设的"源记"等六家造船厂，主要制造渔船、双桨、大舡。上溯民国初年，厦门港沙坡尾还有"全美"和"谢尚声"等手工造船作坊，因为造船技艺高超，且善于制造"龙舟"，每年都有来自台湾的订单。造船老板、技工多为惠安籍。大量的邻县邻乡移民，聚居在"厦门港"一带，形成了蔚为壮观的"造船工业区"。

厦门小造船厂制造的木船，主要有下列四种。

尖头（拖网渔船）

这种渔船作为内湾小型拖网渔船，配备 3～4 名渔民，主要分布在厦门、同安、海澄（今龙海）等地域沿海，航行于厦门港内、鼓浪屿西侧，九龙江口至石码、浯屿、嵩屿和集美一带，水深在 20～40 米的区域，全年均可出海。

这种渔船以两条同型渔船，或以一条船带一只竹筏组成一个作业单位，使用九虾拖网捕获斑节虾、对虾及其他小杂鱼。

尖头木船

厦门网艚（定制网渔船）

这种渔船为折角型渔船，使用虎网张捕鱼群，分布于厦门内港、同安、海澄（今龙海）等地。

渔船甲板和舷艚间有显著的排水沟，舱口不连续，开口小，抗风、抗浪能力较强，7级风以下可坚持碇泊渔场。

厦门钓艚（钓鱼船）

这种渔船分为三级，一级钓艚 30～40 吨，二级钓艚 20～25 吨，三级钓艚 15 吨左右。分布于厦门、惠安、晋江等地，作业于东碇、北碇、兄弟岛、乌丘及南海渔场。

这种渔船龙骨短，艏斜出人，舯特宽，舷外倾，舷艚较高并有活动舷门。可使用各种钓具，且稳定性大，抗风耐浪力强，即使是 6 级风也还能航行。有远航能力，被称为"基地母船"。

夫妻船（其他渔船）

这种渔船分布在厦门、集美、海澄（今龙海）一带沿海，航行于厦门内港、集美等地，常年进行生产。但遇到 6～7 级风力时，一般很少出海。船上渔民大多"以船为家"，并以"两口之家"居多，故名"夫妻船"。

这种渔船具两橹两帆，作业时以划桨推进为主。使用各种延绳钓、空钩、手钓、掩网等小杂渔具，捕捞分散在内湾的小杂鱼。

在厦门港沙坡尾的十几家小造船业中，以汪三九造船厂最负盛名。其创办人汪三九，惠安县洛阳镇西方乡人。好几个朝代以来，这个村的村民大多从小学习造船工艺，长大后以造船谋生，造船成为这个乡村村民的传统职业。抗战前，汪三九就曾参加建造名扬遐迩的木质机动船

厦门网艚

厦门钓艚

夫妻船

民国年间厦门最大的私人造船厂——汪三九造船厂

"厦门号",成为名震泉州湾和厦门港的"造船小五虎将"之一。日本侵占期间,汪三九船厂迁址鼓浪屿升旗山下"复鼎"海边,仍旧从事修建木帆船、小汽轮业务。1941年12月以后,日军占领鼓浪屿,被迫迁回厦门港沙坡尾继续旧业。抗战胜利后,为扩大企业知名度和方便业务联系,汪三九船厂特别申请"999"电话号码,这是厦门市电话史上第一次特别选号,也是当时厦门市少数拥有业务电话的私人企业之一。此时的三九造船厂主要承造厦门最大的木壳商船,船厂最兴盛的时候,造船师傅达到200多人,一年能造十几条船,修补的船只多达30条。在此期间,往来于厦门晋江、东石之间的"凯歌号"、"凯旋号",穿行于台湾海峡的"环东号"、"鹭江号"就是该厂的杰出产品。当时厦门民间造船厂的造船师傅主要来自惠安,造船用的大型杉木和樟木则来自漳州石码和九龙江流域。

今天的厦门港和沙坡尾一带,当年曾经是一处金色沙滩、成片月牙型的弧形海湾,享有"玉沙坡"的美称。几百年来,它不但承载着一代又一代闽台人的生息,而且见证着厦门木帆船制造业的兴衰。

船坞三度更名

　　1911年10月10日,湖北新军在武昌打响了辛亥革命的第一枪,全国各地革命党人纷纷起义响应。1912年1月1日,中华民国在南京诞生。1914年8月到1918年11月,第一次世界大战在欧洲爆发,战争很快地波及到了全世界。

　　作为"五口通商"口岸之一的厦门,对外贸易频繁,海上运输量巨大,厦门船坞公司成立以后,股票始终处于增长势头。由于第一次世界大战的影响,发达兴旺的厦门航运产业遭受到了巨大的冲击,往来厦门的轮船减少,船坞获利比以前锐减,因此船坞的股东决议出卖船坞。股东代表、英商伟任私下和日本人协商转卖价40万,由日籍台湾富商辜显荣出面谈判,决定先送定银一万元,约定三个月后成交,时限是民国七年(1918年)阳历十月,限至十二月二十七日止。

　　当厦门地方学商各界获知船坞即将转卖给日本人的消息时,距离成交的日期已经迫近了。厦门的学界、商界人士大都知道,辜显荣是日本占领下台湾总督府的走卒。当年全国各地如火如荼的反日运动,日本人想买船坞而不敢明言,才推出辜显荣出面与英商议价,于是群起反对,走访当时的政府官员,希望政府能够尽力阻止此项危害厦门地方和人民的私下交易,决不能引狼入室,将船坞卖给日本人。

　　1918年11月间,上海《申报》刊发了一篇简讯:"北京电:厦门英船坞出售,闽督以关系军事呈准收买。经厦镇使、交涉员等与英商议妥,价四十一万,分期交付。"

　　对于厦门船坞收回商办问题,1919年9月的《申报》也曾经有专门报道:

1919年9月3日的《申报》报道

厦门旧路头有船坞一所，创自清之咸丰间，但规模并不宏大，仅能修理中号火轮而已。经理技师均为英人，其资本则中国商人亦有股份在内，所谓中外合办之性质也。第因规模过于狭小而厦埠出入轮船又寥寥无几，即有损坏，亦多往福州马江船政局修理或驶往香港修理。是故，厦门船坞每年所整修船只亦数无多。……该坞主持之人以历年损失不堪，决意将船坞出卖。乃此风声一出，遂有台湾富绅辜显荣氏拟即收买承办，派人面议，向该船坞接洽，调查坞内机器及旧铁约值二十六万元。该坞要求四十万元，以此未成。乃其时忽又有风声谓某外人将收买该船坞作为军港根据地者，于是厦门官场及商人皆急为收回之计。前道尹汪守砥亦有条陈，主张收买后，遂以四十万元之价收回官办，此即去冬事也。现闻厦门当道以该船坞非加振刷扩张，实难期其发达，但值此国库空虚时代，政府安有此大宗款项整理此船坞，因此乃有官商合办之机。闻厦当道意拟令官商各出资二十万元，由商会为之接洽已成事实。现船坞内技师乃［仍］请英人，由商股派人总理其事，官场则派人为之监督，以策进行。惟近闻商会经［总］理黄世金之意见，以官商合办事权不能统一，恐前途不无阻碍。爰提倡该船坞全权归商承办之说，现正磋商中，未捻果能成就否。

经过各方磋商，全权归商承办未能实现，而是由福建省督军兼省长李厚基和厦门道尹汪守砥，以"收回国家建设主权"的名义，通过发行特种彩票和向英商汇丰银行借贷50万元，赎回厦门新船坞有限公司，改称福建厦门船坞。船坞无一定编制，主持人改总办，由李厚基委派某师师长郑献庭为总办。郑不懂船坞业务，船坞实际上由工程师葡萄牙人密杜操控。

对于从洋人手中买回船坞这件事，当年厦门民间传闻，英商伟任急于售出船坞，特意与日本人串谋，伪造合同，并且抬高售价，而李厚基、汪守砥等人议赎船坞恰好落入圈套。另外厦门道尹汪守砥又从中得了数万元银圆的油水，后来被李厚基查出，受到解职羁押。此外还有一件事也得说一说，那就是1922年李厚基来厦门，当年驻厦门的"闽军总司令"臧致平唆使军队哗变驱李。李厚基就是逃匿于厦门船坞，然后偕同郑献庭脱身逃到鼓浪屿，转乘轮船赴沪。臧致平占据船坞，取消总办，委派许古山任管理员。

海军福建厦门船坞的创立

1924年，北洋政府海军攻占厦门，接管了福建厦门船坞，归属北洋政府海军系统。由于福建省内的军阀发生纷争，北洋政府的海军练习舰队司令杨树庄率部开入厦门，杨兼任厦门警备司令，接收厦门船坞，改称为"海军福建厦门船坞"，委派叶芳哲任总办。自此，厦门船坞隶属于海军部门管辖，成为海军系统的一个专门机构。

厦门船坞隶属海军后，成为海军一个修船基地。

叶芳哲作为首任总办接收厦门船坞时，库存材料估计价值十四五万元，船坞每月支出约二千元。全坞固定工人只十多人，其余都是临时工。工程师葡萄牙人密杜一人的月薪八百元，就占了全坞总支出的五分之二。当时的厦门港内常驻有号称"四江"（江元号、江亨号、江利号、江贞号）、"六楚"（楚观号、楚豫号、楚谦号、楚同号、楚有号、楚泰号）及其他千吨以内的海军舰艇，因厦门船坞是海军系统的一个组成部分，其厂设施、设备、规模和修船能力都还可以，上述海军舰艇的大、小修及勘底工程皆由厦门船坞承担，同时也承修地方内海小火轮，海关舰艇"并征号"等，以及外国商船，如荷兰轮船公司所属的万吨以上的远洋轮船等，并承造一百吨位的小火轮"顺利"号和"顺兴"号。

可惜好景不长，厦门海关所有的十几艘船艇，全部改往香港维修，原因据说是香港是个"自由港"，材料和修理费用都较在厦门入坞修理便宜。当然还有其他原因。1929年以后，船坞经营陷入全面不景气的状态，入不敷出，借债度日，屡次请求海军部接济，终无结果。1930年2月4日，厦门船坞总办叶芳哲辞职，海军部改派原舰政司机械科上校韩玉衡接任。韩玉衡接手船坞工作时，船坞已经对外负债八万余元（其中有月息一分六厘的高利率），而

且拖欠员工薪饷达三个月。韩玉衡无奈，只好把库存的材料部分用于抵偿，以解燃眉之急。

抗战前的海军厦门造船所

1931年开始，厦门船坞正式改名为海军厦门造船所，总办改称所长，韩玉衡任所长。韩接任时，造船所占地面积为186市亩，坞长340英尺，底宽40英尺，深20英尺，可容300吨以下船只入坞修理。所里拥有木作、轮机、造炉、打铁、木模等6座工厂。

船坞改为造船所的初期，海军部本身也是困难重重，因此对厦门船坞存在的经济问题做了如下三点指示。

1. 部款支绌，绝无可能接济厦坞，还希望厦坞发展业务，多得盈利，补助海军建舰；

2. 盈利如有困难，应维持现状，另候他日整理；

3. 维持如有困难，可就地自行开辟财源。

海军部颁定该所编制，见表3-2。

表3-2　海军部颁定海军厦门造船所编制表

职　务	员额（人）	官　阶	薪（月）额（元）	备　注
所　长	1	上校	400	办公费200元
工程师	1	中校	300	
总监工	1	少校	150	
会计师	1	少校	150	
监　工	无定额	上尉	60～80	
会　计	1	中尉	60	
绘图员	2	中尉	60	
材料员	1	中尉	60	
文　书	1	中尉	60	
候补员	无定额	中尉	60	
工匠首	5		40～80	

续表

职　务	员额（人）	官　阶	薪（月）额（元）	备　注
经常工	约60			点工给资
警　兵	4		12～16	
差　役	10		12～20	
炊事兵	10		10～16	

临时工（小工、杂工、打捞工等无定额，视需要临时招雇）

　　根据海军部的指示，海军厦门造船所1930年至1935年继续承担海军驻泊厦门舰艇大、中、小修和勘底工程，并修理过多艘海军舰艇。此外为了生机，造船所开始扩展揽修漳、泉、兴化（今莆田、仙游）、三都（今海沧区）、石码等地的内河商船业务，还为海军厦门警备司令部建造60英尺（18.3米）长的小汽船一艘，为本地机关和邮政局新造小汽轮，以及修理顺安、永宁、顺发、新马、金星、捷发等多艘小汽船。

　　海军造船所的经费依靠业务收入盈余来维持，政府一向不予补助。其员工薪饷，月需五六千元。海军舰船除大修工程由海军部另拨专款外，小修工程工料由该所（坞）负担。海军制造学校的毕业生分派来所（坞）为候补员，薪饷也由造船所（坞）负担。所里的业务收入，是指接受海军系统之外其他方面的"外修"工程收入，收支往往不能平衡。

　　1933年，韩玉衡调任福州造船所所长，遗缺由海军部科员萨夷接任，监工为林家钺。

　　1934年3月2日，厦门的《江声报》对于萨夷的接任刊发了两行字的小报道：

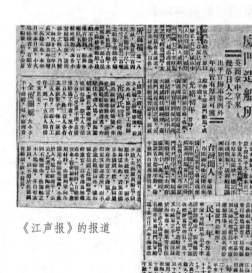

《江声报》的报道

　　　南京一日电，国府一日令：四、任命萨夷为厦门造船所长，此令。

　　由于萨夷任内管理不善，业务收入益形衰落，材料缺乏，工作疲惫，收入

减少，员工星散。状况一直维系到厦门沦陷时为止。

海军厦门造船所是海军部设立，为海军部直辖机关，其设备具有建造载重 600 吨轮船的能力。

1929 年，厦门造船所营业收入 267778.14 元，支出 303522.47 元。

1934 年的《福建统计年鉴》里有一份《海军厦门造船所营业概况》，提供了五个年头的造船所营业状况。详见表 3-3。

表3-3 海军厦门造船所营业概况（1930—1934）

时间	项目内容		营业状况（元）	
	建造工程	修理工程	收入	支出
1930 年	——	海军舰艇及商轮多艘	112441.91	138140.12
1931 年	——	海军舰艇大小商轮	119457.00	123322.00
1932 年	——	海军舰艇大小商轮等	105140.67	112120.26
1933 年	——	海军舰艇大小商轮及电船等	62801.00	91948.00
1934 年	建造新船 1 艘，电船 116 艘	军舰 3 艘，轮船 47 艘	56468.00	86280.00

注：1934 年造船所概况系 1934 年 7 月至 1935 年 6 月之情况。

1936 年 4 月 1 日，时值厦门造船所成立 60 周年之际，《江声报》发表了题为《厦门造船所六十年历史》的文章。副标题"英商掌中拿来 / 几落日人之手 / 出乎官办事业例外 / 年年皆有厚利可获"，回顾了 60 年来厦门船坞风风雨雨、波折迭起的历程。

抗战胜利后的海军厦门造船所

抗日战争胜利后，南京国民政府海军厦门要港司令刘德浦奉海军总司令部参谋长曾以鼎手令，率参谋长郑沅等由沪飞厦门，以接收厦门日本海军前进指挥所名义，向日本厦门方面特别根据地队司令原田清一发布接收命令。接收范围包括原海军厦门要港司令部、海军厦门要塞、海军飞机场、海军厦门造船所（日本称建泰造船公司）、海军医院和海军电台等机构。

南京国民政府派海军上校陈文麟负责接收日本海军经营的建泰造船公司，恢复原名"海军厦门造船所"，仍作为海军舰艇修造基地。陈文麟接收

版三第　　二期星　　報日光星

厦港军造船所

經費缺乏復員遲緩：現向台灣借挖泥機

廈門海軍造船所，於光復後，即由海軍司令部即經之其他船所剩餘者撥廈應用，如依照新計劃，須費千餘萬之譜，但目前之困難，借就逐步進行云。

时，该厂所有轻便机器与零件被敌搬走，仅存笨重机器大小21件，以及断墙颓壁的几重破落不能使用的厂房。被炸毁的原船坞因水闸和坞岸崩塌，导致坞内积泥好几尺。还好接收时厂里留有上百个日俘低廉的劳动力替代机器清泥和修建厂房。未几，日俘集中遣返，而经费又很欠缺，无法发放工人工资，修房和安装机器时断时续。

1946年11月，所长陈文麟以接收几个月来"财力人力缺乏"，修造船业无法开展的原由，拟了一份《厦门海军造船所整理计划书》，带到国民政府海军部，要求拨款一千万元，以利业务开展。海军部批交第四处按章办理，第四处答应待派员莅厦实地勘察后办理。经费拨到后，已经是翌年二三月间。厂房重建，机器安装，铁件、木作等工场相继完成，积泥继续清除，坞内的一艘废铁壳船也进行拆卸，并开始接收商船、小汽船的修理业务。据1947年4月16日《星光日报》的报道："现轮船公司小型电汽船，委托该所业务课修理者，为数颇多。"但

在厦门举行的美赠浮船坞典礼

从抗战胜利到厦门解放这三四年间，厦门造船所一直振作不起来。至1947年10月，积泥还没清理完毕，废铁壳船拆卸也没完成，只修复厂房六座，各项机器14台。其原因，一是上级经费下拨不继；二是货币贬值，修造船材料价格爆涨，工人工资也一再调高，影响成本，收支失衡。1947年10月27日，国民政府海军全国修造会议在南京召开，陈文麟出席参加会议，向大会报告接收以来的情形，并提出无法实现的"五年计划"，分为三期的"空头"支票。由于时局关系，海军部拨款无法满足造船所发展的需求，陈文麟只得敷衍度日。

1946年7月16日，美国国会通过"512援华法案"，将赠送多艘舰艇给中国政府，其中一艘大型浮船坞（又称海上船坞）指定赠送厦门。这艘停泊于日本关岛的美国海军AFP36号万吨巨型浮船坞，将于1948年1月间从关岛起程拖运厦门。1月16日，执行拖运船坞任务的美国海军"笠本号"（LiPan）起锚，经过半个月的海上惊涛骇浪，于1月31日下午抵达厦门港，停泊于太古码头（今和平码头）。2月3日下午，举行美国政府赠送中国政府大型浮船坞接收典礼，以浮船坞前部的甲板作为会场，搭了一座临时的主席台，并做了一番布置。接收典礼先由主持赠与人美国海军舰长 H.A.BOTLER 宣读赠与命令，继由厦门海军巡防处处长康肇祥代表中国政府宣读海军总部接收命令和签字。这浮船坞于1944年建成，长389尺，宽80尺，高39尺，通常吃水10.5尺。船坞需要上浮的时候，就利用机器将水排出去，和潜水艇的升降原理是一样的。它的外观远远看去就像一座建在海上的城垣，凡3000吨左右的船只都可在坞上修理。康肇祥在致辞中指出：浮船坞好比一个医院，为了医治航行海面的船舰。这个船

2月3日在厦接收之美赠浮坞全貌

驶入舰船之浮坞内部

海軍造船所工作漸加強

1949年2月12日，在《厦门大报》的报道

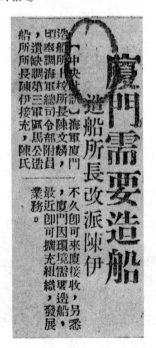

厦门需要造船 造船所长改派陈伊

坞有它绝大的任务，希望本军，尤其造船所同仁尽最大努力……发挥其力量。

接收后的浮船坞拨交厦门造船所应用，然而造船所并没有让它释出应有的"热量"，一直到1949年初，都是停泊在离造船所不远的猴屿海面"休养"。

尸位素餐的陈文麟，终于保不住所长的宝座。1948年12月2日，陈文麟奉调海军司令部附员的空头职务。所长一职，调原台湾第三军区澎湖马公造船所所长陈伊接任。与此同时，由于南京政府的所谓"政治重心"南移，在新所长陈伊到任之后，海军部从日本赔偿物资中拨出一批有关造船的器械，充实厦门造船所。在新旧两位所长移接的当天，《江声报》刊登了一篇题为《海军造船所访问记》的专栏文章指出："二年来，该所只是保留着一个机构的名称，事实不曾发挥过任何性能。"可以说，这是对抗战胜利后那三年厦门造船所最客观的评价。

1948年冬，中国人民解放军发动对国民党军队的战略决战。自1948年9月至1949年1月，人民解放军先后进行了辽沈、淮海、平津三大战役，基本上歼灭了国民党军主力，解放了长江中下游以北的地区。

同年初，陈伊任所长又奉命接收与造船所相邻的"中国银行"的4座仓库和一座码头，造船所的面积因而扩展至20市亩。当时《厦门大报》有篇《海军造船所工作渐加强》的报道说：

海军重心南移声中，厦门地位日见重要，职司修造重任的海军造船所随之加强建立起来。据陈氏语记者称："本所接收日本赔偿机器，大部已陆续装置使用，最感觉缺乏者为技工，经向马公台湾各地调用，皆已到达参加工作。前接收美国之浮船坞，亦可与该

所配合使用，凡三千吨左右船只可入坞修理，所有电杆翻沙电机漆油等重要设备悉可装设齐全，可承修各种船只，不仅工程确实迅速，并愿为航业界服务，格外予以优待。"

同年4月，随着中国人民解放大军的节节胜利，国民政府在长江以北的政权土崩瓦解。国民政府海军司令桂永清命令青岛造船所所长邱崇明等将海军青岛、大沽两个造船所的设备器材悉数迁往厦门，并把海军厦门造船所易名为海军厦门第三造船厂。陈伊离任，厂长由原青岛造船所所长邱崇明接替。

4月20日，《江声报》报道《青岛造船所迁厦拟将厦所扩充赶于二个月内开工》的新闻：

> 青岛造船所迁厦后，将就厦造船所扩充，该所所长邱崇明，于昨（4.19）开始办公。渠称该所原奉令迁往台南，嗣因该处不适工作，乃迁移来厦。惟厦造船所规模过小，势非征用附近中国银行仓库及民房不可，渠曾于昨往市府与市长商量解决。现该所技工人员十余人，尚留一部在青岛继续工作，如悉数迁厦，住宿必成问题。已多方解决，赶于二个月内开工。

7月19日，林文书在《星光日报》刊登了该报特写《海军造船所访问记》：

> 由于战局急转直下，渤海舰队南调，位居南洋航线中心的厦门，其地位日见重要。
>
> 海军造船所设于厦门帆礁（厦禾路），面积方数十亩，西面临海，中间一条可容千吨船只进出的小港，就是它的船坞，坞的两边分设着十几座工厂，遍地满布着器材。该所前身为海军造船厂，由于制设不久之故，设备亦欠完全。但为了目前任务之繁重，不得不力求扩充，以适应实际需要。据说，日本的赔偿机器已足够该所目前需要，首批已运到五十部左右，刻在积极装置中，务使该所能够早日负起其应付任务。希望将来不但可修理自己军用船只，并且还能够修理商船，不仅能修理小船，万吨大船亦能入坞修理。但由

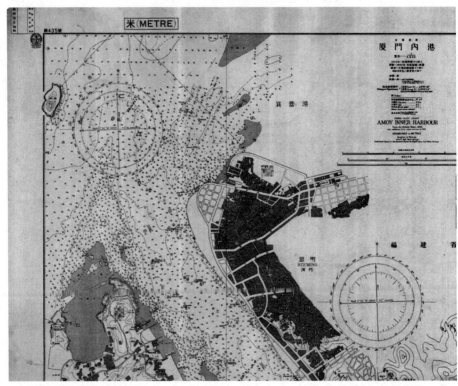

厦门港地图

于政府南迁，该所经费短缺，人才殊不易招致，来者亦难久留。现在四十名技佐，总数一百名左右职员的生活问题，各构成了整个造船所的暗礁，也是一个极难解决的问题。

1949年9月，南京政府决定撤往台湾，邱崇明等将厦门海军第三造船厂的主要设备器材及日本赔偿机器、浮船坞等运往台湾，厦门造船厂的精华被劫扫一空。后来由于工人有组织的保护和抵制，试图将厦门造船厂整体迁往台湾的计划才未能得逞，但是工厂的生产设备遭受了重大损失，给新中国厦门的造船业带来极其不利的影响。

附录　沦陷期间的日伪造船厂

1937 年 7 月 7 日，卢沟桥畔响起日本侵略者的枪声，标志着日本帝国主义全面侵华战争的开始，中国人民的抗日战争爆发。

抗日战争爆发前，日军已处心积虑，妄图武装占领厦门。1937 年 9 月 3 日起，日本飞机开始不断对厦门各炮台、海军各驻厦机关进行轰炸，海军厦门要港司令部、造船所、无线电台、医院等机关被炸毁，损失极大。10 月 26 日，与厦门唇齿相依的金门，被日军攻陷。厦门随即成为侵略者又一个准备侵略的目标。

1938 年 5 月 10 日拂晓，日军出动数十艘战舰、30 余架飞机、3000 多名士兵进攻厦门，我驻岛守军和壮丁义勇队英勇抵抗，与敌激战三昼夜，5 月 13 日厦门沦陷。

1938 年 5 月，海军厦门造船所被日本武官府占为军用，改名为"有限会社建泰公司厦门造船厂"。该造船公司的主要业务是维修军艇，为日军的侵略战争服务。当时进坞修理的船只有 1200 吨的香港丸及其他较小的船只，同时草建有 300 吨船台一座，修理 280 吨木壳船，因设计不周，地基稳固性不够，船绞至中途铁轨下沉后改变计划，船台也终遭废弃。此外，该公司还经营帆船的改装及建造业务，其机器、原材料购自台湾等地。

1944 年初，建泰公司建成 250 吨的"日光岩"号木壳机帆船一艘。

日本人《全闽新日报》出版的《厦门职员录》，记录了建泰公司的架构与造船厂职员名录：

> 有限会社建泰公司位于升平路四十四号，营业种类有输出入贸易、船舶运输、造船、保险代理、石碱制造。其所经营的厦门造船厂，位于厦禾路四四七号。设有顾问一人，由日本东京人管野辅磨担任；厂长一人，由兵库人寺谷三造担任；技术课长，由寺谷三造兼任。技术人员包括长崎人前田善四郎、高桥仪八，福冈人明石健藏，滋贺人高岸士三，朝鲜人东田荣硕，中国湖南人黄建如，日籍台湾新竹人余森材、陈卓乾，日籍台湾台北人黄福全。商事课长为日本东京人知光进，商事主任由日本千叶人松本尚，日籍台湾台北人林庆次郎、方阳、刘锡麒、徐文安，日籍台湾台中人黄绍豪和福建人史伟等担任。船舶课

长则由建泰公司总务课长日本东京人佐藤新吉兼任，另有一个福建人谢邓狮也是船舶课长。造船厂还有一艘小汽轮，名为"建泰丸"，船长是日本长野人岸川定太郎，船员有朝鲜人大山大衡等。此外，船厂还设有调查课、海难救济课长，庶务系长和业务课长等部门职务，姓名从略。

1945 年抗日战争胜利前夕，建泰造船公司因属军事工业，多次遭到美国飞机的轰炸，船坞及 3 个车间均被炸坏，剩下断垣残壁。

新中国初期的船舶工业

新中国初期的军、地船舶工业的整合

　　1949年10月,中国人民解放军第十兵团在司令员叶飞的指挥下,形成对金门、厦门国民党守军三面包围的态势。10月15日18时,解放军兵分三路对敌发起总攻,经过两昼夜的浴血奋战,全歼厦鼓守敌,取得了入闽最后一役的伟大胜利。

　　在此之前的9月10日,国民党海军巡防处下令要求厦门造船厂的职工疏散到台湾、海南岛等地。但是厂里的职工不愿跟着南京政府颠沛流离,所以借口家眷都在厦门,迁移到外地十分困难,拒绝了疏散要求。9月20日,南京政府又下令工人们将厂中的机件搬到停泊在厦门的军舰上,准备将设备运往台湾。工人们在再三威逼下,迫于无奈只得开始慢慢搬运,尽量拖延时间。此时,由于同安、漳州等地区已陆续解放,南京政府的

1949年10月24日,在《厦门日报》的报道

军舰遭受到威胁，于是仓促驶往台湾，只带走了一部分机件。由于工人的延宕，厂里的百余条角铁及南京政府从大沽口与青岛等地迁徙来厦的好几部机器，没有来得及搬上军舰，滞留在岸上，而厂中原有的机件则大部分完整如故。10 月 17 日厦门解放后，人民解放军第三野战军第十兵团进入海军造船厂。不久，中国人民解放军厦门军事管制委员会（主任叶飞、副主任梁灵光）指派海军组正副组长刘成章、万隆庆接管厦门海军造船厂。他们在杨人祥、宋文可、唐庆祥、许中西等 6 名护厂工人的协助下，几天之内找回 20 多位船厂工人。工人们在两位组长的带领下，对汽车、吊车和十几部机器进行整修，开始积极筹备复工生产。

新中国成立初期，厦门的船舶工业，只有海军厦门造船所和汪三九造船厂等 9 家私营船厂。海军造船所当时的起重设备能力仅靠日本侵占时期遗留的一台 10 米吊杆，以及一批"自杀艇"剩余的丰田机器。而位于厦禾路北侧、造船厂边的广义和机器厂也只剩下一片瓦砾场，小型角钢做屋架，瓦楞铁皮做屋顶的厂房残存了大约三四十平方米，而且锈蚀严重，摇摇欲坠。但是厂房内尚安放有六台中小型机床，一台 6 英尺、中心高约 6 英寸的卧式普通车床，一台工作台面为 2×6 英尺的龙门刨床，一台约为 1 英尺的牛头刨床，还有一台钻杆直径 1 英寸的钻床，4 台机床床身的侧面都钉有"广义和机器厂制造"的铜牌。此外还有两台国外进口的齿轮切削加工设备，一台机身铸有日文，另一台为德国西门子（SIEMENS）出产。自日寇入侵以来，工厂衰败长达十多年，机床上容易拆卸的零部件大多已经失落，用以安装皮带轮传动架的水泥支柱虽然柱顶

船坞的一角

上的机油污渍依旧，但传动钢轴已不复存在。工人们战胜困难，在短短的时间内修复了原被废置的汽艇 2 艘和轮船公司 3 号轮船一艘，救起沉在坞内的海军淮阴测量艇 1 艘，并且整理了露天堆存的机器和造船主要材料，将角铁等一些材料入库保存。为了配合军方的前线行动，工厂清理库存自杀艇引擎 42 个，拨给支前部应用。另外，工厂还先后安装机帆船 49 艘，配合空军厦门基地站修理碎石机、抽水机等，将一辆汽油压路机拨交该站使用。此后，工厂还接受军方建设任务，将淮阴艇和保三艇改为布雷艇。

在海军造船所恢复生产的同时，为了配合解放金门，解放军第十兵团第 29 军又在厦门曾厝垵一带成立了一座修船厂。

1950 年 3 月，海军造船厂重新定名为"中国人民解放军华东区海军司令部厦门造船厂"，直属华东区海军司令部（东海舰队的前身）管辖，地址为厦禾路 418 号，陈宗芳担任厂长。同年，人民解放军又在鼓浪屿康泰路 12 号，原厦门机器有限公司和淘化大同酱油厂的厂址上建立了第十兵团车船处第二工厂。该厂的一部系 1949 年在福州组建的，由福州船厂、平水船厂和下游船厂合并而成的闽江航运公司修造船厂。闽江航运公司修造船厂于 1950 年全建制（包括人员与设备）辗转晋江东石，后移至鼓浪屿内厝澳，与 29 军修船厂整编为第十兵团车船处第二工厂，此后又改称福州军区后勤部第二修船厂。11 月 21 日，华东军区福建海军办事处委任陈宗芳、杨竟环分别担任厂长和工程师，并改厂名为人民海军厦门造船厂，隶属华东军区海军司令部，从此工厂进入了正式生产阶段。在此期间，上级为工厂增配了分别由 54 匹马力和 100 匹马力柴油机拖带的 20KVA 和 40KVA 发电机各一部。工厂凭此设立了动力工场，白天以 20KVA 一部为生产动力，正常进行修理海军舰艇的任务，夜晚则开动两部发电机，协助厦门电力公司发电，用发电收入供给船厂修造的费用。1951 年 5 月，军管会委派陈广胜等来厂，着手建立材料、工务、总务、财务四室，主要修理小船、木船。

1952 年，中国人民解放军海军厦门基地筹备处成立。海军厦门造船厂与厦门要塞修械所合并，定名为海军 103 厂（即华东海军厦门基地造船厂），隶属海军福建基地管辖，陈广胜出任厂长。海军 103 厂承担了人民海军阵地机械及舰艇的修理工作。

在华东军区海军舰艇修造部于 1953 年编制的《修船工厂有关人员职责》中，对于"修船工厂的组织工作系统"做了如下规定：

厂长是工厂的最高领导，设副厂长兼总工程师一名，下设 19 个科室两个车间。

人事科：下设生活福利组、培养干部组、任免组。

机械设备科：下设机器修理车间、房层设备车间。

劳动保护科、劳动工资科。

总务科（行政管理科）：下设办公室秘书、港湾码头管理股、杂务股、警卫队、消防队。

生产计划科：下设每周短期计划组、预先计划组、材料计划组、查定组、订货组。

调度科、基建科、设计科、化验室、技术科、监查室（律师）、保密室、改设室、技术操查室、经济计划工作组、防空指挥部。

会计科：下设财务股、总务股、工资股、材料价格计算股、生产成本计算股。

材料供应科：下设运输股、供应保管股。

由副厂长兼总工程师分管两个车间、生产计划科、调度科、基建科、设计科、化验室、技术科，其他科室由厂长亲自管。

这个规定为海军103厂和后来厦门造船厂的组建提供了组织架构。

1953年6月，厦门开始兴建全长2212米的"十里长堤"——厦门海堤。由于厦门海堤建设是当时我国的一项重点建设工程，为了确保建堤工作的顺利进行，"厦门高集海堤指挥部造船厂"（简称海堤造船厂）在厦港成立。工厂隶属于厦门高集海堤工程指挥部，中央人民政府交通部是企业的最高主管机关。为了确保集美与厦门岛及周边地区的海上交通，厦门海堤造船厂首先建造了2艘渡轮。渡轮的排水量为48吨，主机功率为80马力。截至1954年12月31日，该厂拥有固定资产原值323万元，净值284万元，完成总产值5399万元，商品产值2055万元。

随着厦门海堤建设接近尾声，1955年3月1日，厦门市决定将海堤造船厂移交厦门市工业局管理，改名"地方国营厦门造船厂"，并制《厦门市高集海堤工程指挥部造船厂移交清册》一份，由厦门市高集海堤工程指挥部移交给厦门市人民政府工业局。移交总资产114338.26元，其中固定资产27945.60元，主要是位于民生路6号的二层楼房1座（楼下办公、楼上宿舍）和厂房1座，各种设备包括锯木机1台，动力机1台，自由车2辆，1/2吨的卷扬机1架，绞车1架，阔头船1艘等。还有杉木、樟片、松柏等其他各种原料。同年5月11日，"地方国营厦门造船厂"改称"地方国营厦门修造船厂"，又转为厦门市人民委员会交通办公室管辖。11月，地方国营厦门修造船厂吸纳位于厦港沙坡尾的"私营汪三九造船厂"后，工地扩大到厦港避风坞口两岸。

1956年3月，地方国营厦门修造船厂划归厦门市工业局领导，改为地方国营厦门第一船舶修造厂。

同年，"地方国营厦门修造船厂"厂址不变，但门牌号由民生路6号改为12号，厂长为张光，副厂长孙正清，直接管辖机关从这一年3月份起又改隶属厦门市人民政府工业局。

1957年2月27日，中国人民解放军福州军区后方勤务部将鼓浪屿康泰路12号（后来改为2号）的"福州军区后勤部第二修船厂"移交厦门市人民委员会管辖，并改名为"地方国营厦门第二船厂"，直接管辖机关为厦门市人民政府工业局。军方代表甘林之和厦门市代表时为分管工业副市长的向真参

市两个造船厂正式合并

消除机构重复和人力浪费现象

本报讯 厦门修造船厂与第二船厂12日正式合并，为今后发展造船业、更好地为交通、渔业服务创造了有利条件。

合并前两个船厂都有修理和制造船只的设备，但都不完整，劳动力的配备也不合理，发生窝工时，都不能很好地调配；同时，双方都有一套管理机构和管理人员，浪费人力、财力。两厂合并后，不但设备比较完整，技术力量更加集中，能够更好地为交通、渔业服务，而且由于裁并机构、集中调配劳动力，可以大大减少财力、人力的浪费，降低产品的成本。

这两个船厂在合并时，以革命精神进行了整编和精简机构的工作，减少管理人员百分之六十，由原来八十五人减为三十四人。裁减的五十一个干部除四人外调外，其他都下放，其中有十五人去农村当农民。

目前，该厂正准备通过大鸣大放，建立制度和调整劳动组织，迎接大跃进和生产新高潮。

《厦门日报》1957年12月14日报道

原厦港船厂大门

加交接仪式，胡成昌、李文友在《交接书》上盖章。移交时第二修船厂厂部，下设生产计划、技术检验、会计、材料、人事、总务六个股和制配、修机、船体三个车间，全厂有职工176名。固定资产达75189.07元，包括租用修建的厂房，各种车床13台，刨床2台，铣床1台，钻床2台及熔铁冲天炉等。流动资产193338.16元，年产值约80万元。这个厂自1956年4月从供给制管理办法转为三类企业管理工厂。

1957年6月，创建于1949年的福建省交通厅航运管理局闽南分局船舶修理厂（注册地址厦门市海后路42号，工地在厦港民生路）与位于厦港民生路的福建省港务局厦门分局修造船厂合并，沿用前者厂名。

同年12月，地方国营厦门修造船厂、地方国营厦门第二船厂、福建省交通厅航运管理局闽南分局船舶修理厂合并为新的地方国营厦门修造船厂（时称"三厂合并"），厦港地区的修造船力量得以集中起来，归厦门航管局领导，厂部设在民生路12号。在合并之前，各厂都有一套管理机构和管理人员，浪费人力、财力。合并以后，进行了整编工作，裁并了多余的机构，集中调配了劳动力，管理人员由原来85人减为34人。同时对机器装备也进行重新配置，技术力量也更加集中，大大减少了财力、人力的浪费，降低了产品的成本，为发展造船业，更好地为交通、渔业服务创造了有利条件。到1958年2月，地方国营厦门修造船厂就完成了自行设计的，为厦门轮渡公司建造的，厦门到鼓浪屿的轮渡船一艘。该船长19.8米，型宽4米，吃水1米，装配主机为6135型柴油机，功率120马力。经实船试航测定，该船航速达9.6节。

1958年3月3日，厦门市人民委员会与解放军海军厦门水警区签署了《海军厦门一〇三厂移交协议书》，将企业移交给厦门市人民委员会管辖，并改名为"地方国营厦门造船厂"。

原1958年三厂合并前的地方国营厦门造船厂办公地点

6月，厦门市政府将"地方国营厦门修造船厂"并入"地方国营厦门造船厂"（员工称之为"四厂合并"），并取消前者厂名。厂长为李达煜，副厂长为陈广胜、孙正清。至此，厦门市将原分别隶属于海军、陆军和各级地方政府的船厂合并，将厦门市辖区内所有的修造船力量集中在一起，扩大了企业规模，提高了厦门市的造船生产能力，形成以厦禾路海军厦门103厂为管理中心（员工称之为"厂部"），包括厦港民生路工地、鼓浪屿康泰路工地在内的"一厂三工地"管理体系和生产格局，并成立了厂党委会，由厦门市机电工业局管辖。军地合并后，企业在厦禾路工地扩建了金工、铸工两个车间。同年，企业接收了一批复员军人，并到农村招工，工厂人数急剧上升，1958年底达1244人。1958年进厂的这批工人后来成了企业的中坚力量。

就在地方国营厦门造船厂一统厦门造船业天下时，又有一家造船厂新生，那就是建于1958年的福建省轮船总公司船舶修造厂。这个厂拥有船坞、厂房及修造船设备，能承受修理1000吨级船舶及制造内海钢质客轮的能力。1958年初建时，仅在和平码头（今客运码头）北侧一个近100平方米的保养场，有几名能修理200吨以下木质船的工人。1959年，由省交通厅拨款50万元，在市郊的海沧建造车间，购置车床8台，工人增加至100人。由于海沧地处市郊，无靠泊船只的码头，因而又于1963年迁回厦门港，建立船舶修造厂。厂址占地面积2.85万平方米，有500吨级船坞1座，可承修1000吨级船舶；300吨级干船坞2座。修造厂下设修船部、材料股、设备检修股、办公室、财务股等8个职能科室及救生筏检修站。至1987年，全厂动力设备及生产能力有切削设备19台（其中皮带式1台），修船设备24台（其中电、气焊19台），铸造设备6台（其中机械设备1台），起吊设备7台（其中汽车吊、叉车吊各1辆），运输设备7辆，干船坞3座（其中300吨级2座，200吨级1座），具备承修千吨级以下油货船的能力。

地方国营厦门造船厂

厦门造船厂自1958年将全市所有修造船厂纳入麾下，形成"一厂三工地"生产格局，统一了厦门市的所有造船力量以后，扛起了厦门船舶业的大旗，开始走上坚韧不拔、自强发展的道路。

"三厂合并"伊始，地方国营厦门造船厂不仅要加快内部整合的步伐，而且要向厦门市新成立的工业企业输送干部。由于"前线不建设论"的影响，

敢想敢做的人創歷史

本市自制最大"海鷗"輪試航

以前造一百多吨船要化四个月
现在造250吨船只化73天

《厦门日报》1958年7月3日报道

原厦门造船厂厦禾路厂部旧址

厦门造船厂直到改革开放前都是厦门第一大厂，始终不断地向厦门市各界输送干部。

7月1日，厦门造船厂自制的当时最大的"海鸥"号轮船试航。此前，厦门建造一百多吨的船舶要用四个月的时间，而组建新厂后建造重250吨，轮长39.25米，宽7米，总排水量472吨的"海鸥"号轮船只用了73天，创造了当时厦门造船史上的新纪录。在建造这艘轮船时，造船厂的技术人员和工人，手头只有三张图样，他们不怕困难，边施工边设计，总结构图也是在船造了一半才完成设计的。在施工中，工人们不但打破了过去先造船底、后造甲板、再造上层的常规做法，对这三部分进行同步施工，还开展小组与小组之间的竞赛，木灰工将原计划一千工时缩短至六百多工时。机器安装工人在六天中就安装好250匹马力的柴油主机，创了该厂当时的历史纪录。此外，工人们还积极提出数十件合理化建议，如船壳板过去要在水底钻洞，工人则建议把钉洞位置划准，然后移到岸上钻，生产效率大幅度提高，同时还采用了新颖船型，将船尾改为"巡舰式"。《厦门日报》在7月3日的报道中称赞这是"敢想敢做的人创历史"。

军地造船厂合并以前，各厂的修造船任务主要以木质渔船和运输货船为主，最大建造吨位约为300载重吨左右，还未能制造钢质船舶，而到了1959年，地方国营厦门造船厂已具有生产600吨木质海轮的生产能力。产值也从1957年的174.151万元、1958年的383.06万元猛增至917.37万元。职工数达1217人，厂房面积扩展到15618平方米，设置了金属船体、木壳船体、金工和冶炼等车间，拥有各类机器设备100多台。在生产上，除修造海军、陆军、交通运输部门、农业部门的船舶外，还开展了金属加工、机器制造、农用机械配套等业务。有些产品质量还达到福建省乃至全国的先进水平。

解放前夕，厦门地区船舶被国民党破坏较多，造成解放后大量的船舶需求。因此，这个时期造船任务日益增多（本市还到广东汕头去买船）。为了增强生产能力，1960年，工厂开展了技术革新活动，当年的1—6月，共实现大小革新项目9283件。

同年，工厂开始生产非船机械产品，生产出的各种超声波发生器206个，之后几年间普遍应用到车床上，取得良好的效果。还用土办法试制成功90匹马力柴油机、风铲、喷油嘴、含油轴承、玻璃钢推进器、弧光焊剂等高精尖产品16种。由于非船机械产品的蓬勃发展，工厂还在集美人民公社开办了一家农具厂。

三年困难时期，许多地方工业企业"下马"、遣散工人，厦门造船厂却挺直腰杆，多方出击，主动"找米下锅"，一方面到同安大帽山办农场，获取些许农副产品作为职工福利，一方面放下"厦门第一工厂"的架子，走进消费品市场，连锅盖、酒瓶盖、铸锅都做。三年困难时期的物资生活是非常艰苦的，但这段时间也是厦门造船厂增长志气和增强员工向心力的日子，它铸就了厦门造船厂"团结一致，矢志向前"的企业灵魂，为企业安然渡过"文革"时期乃至以后企业在各个困难时期都能"杀开一条血路"打下了基础。

1960年至1962年间，厦门前线进入高度备战状态，地方国营厦门造船厂根据厦门市委"支前第一，生产第一"的指示，采取经营生产与武装训练相结合的形式安排工作，即工作时间组织生产，工余时间组织训练。在特殊历史条件下，船厂明确树立"保证军修"的原则，主要生产任务是负责福州军区、海军、水产及航运等部门的船艇修造和地方工业机械设备的修造等。在完成海军舰艇军修理任务的同时，造船厂新造水产、航运船舶91艘，修配改装各种船舶329艘，改装水产渔船17艘，安装机器51艘，修理各种机器 80 台；生产柴油机配件 59 项、计 7920 件，80 吨液压机 5 台等，并奉命生产了手榴弹、鱼雷弹射箱等军用物品。此外，企业还广开经营渠道，到处揽活以弥补生产任务的不足，经营范围涉及锅盖、酒瓶盖、铸锅、椅子、水桶、煎匙等日常用品的制作。

1961 年完成工业总产值 353.99 万元，商品产值 298.04 万元，销售收入 263.24 万元，利润达 63.93 万元。职工人数 995 人。新造水产、航运船舶 66 艘，排水量 1207 吨；修理各种船舶 125 艘，2995 吨；改装水产渔船 17 艘，947 吨；安装机器 51 艘，2995 吨；修理各种机器 80 台，1094 马力；生产柴油机配件 59 项、计 7920 件，80 吨液压机 5 台等。

1962 年 8 月 29 日，厦门造船厂以"（62）发文厦船字第 57 号"文，发给厦门市委工交部《关于人员、设备、工地移交航管局的初步意见》，文中要点："根据市委指示，造船厂原由市航管局船厂合并而来的人员、设备应抽调归回原单位，并划出厦门港工地移交该局另行设厂。……移交时间：厦门港工地应自 9 月 10 日起，停止安排新的生产任务，开始拆迁工作。原则至 10 月 10 日前应迁运结束，进行全面移交接管。"厦门港工地移交给厦门市航管局管理后，厦门造船厂就只剩下厦禾路工地和鼓浪屿工地。职工人数也逐渐递减，至第四季度只剩 748 人。但生产一直保持原有水平，影响极小。这一年，完成工业总产值 167.85 万元，商品产值 157.97 万元，销售收入 173 万元，利润 30.28 万元。职工人数 995 人。新造船舶 25 艘，排水量 1207 吨。修配改装各种船舶 204 艘，11337.5 吨。

1963 年，厦门造船厂的占地面积已达 67400 平方米，其中厂部占地 32500 平方米，鼓浪屿工地 34900 平方米，设有 9 个股室，3 个车间，36 个生产小组。职工人数达到 734 人，其中行政人员 84 人，技术人员 24 人，生产技术工人 434 人，另外还有辅助工 118 人。当年工厂首次承接了军方的造船任务，为海军建造了两艘长 32 米、宽 9 米、高 2 米、吃水 1 米的趸船。

从 1964 年开始，造船厂的实力有了明显的提高，厦禾路与鼓浪屿两个工地的占地总面积扩展到 6.74 万平米，其中生产建筑面积 2.32 万平米；全厂职工达到 774 人，其中管理人员 136 人。工厂设有九个股室，三个车间，36 个生产小组，拥有各种设备 210 台，其中金属切削机床 64 台；达到年修造、改装船舶一万吨左右的生产规模，能制造木质货轮，趸船，能修理 100 吨钢质船艇。每年上缴国家利润 20 多万元。同时，开始试制建筑工程用的 400 公升移动式混凝土搅拌机，经过攻关克难，每月产量可达 40 台。该产品一直生产到 1969 年才停产。

原厦门造船厂鼓浪屿工地

　　1965年4月，福建省重工业厅下达仿制日P-1型风冷侧割式割草机新产品的任务。该产品为单缸二冲程，缸径31毫米，行程33毫米，转速6000/7500转／分，功率0.7-1HP，重7.8Kg。省重工业厅派厅属科研所的八名科技人员来厂参加调试，由陈广胜厂长、范贤年工程师、省重工业厅科研所张在祺主任以及有关技术人员组成领导小组。由厂部、车间的有关技术人员，厅科研所人员和老工人等13人组成试制小组。在国家第八机械工业部的支持下，于1965年9月试制成功5台，并在闽侯白沙林场进行十多天的生产试验。试验证明该产品性能良好，达到当时的国内先进水平。同月，福建省重工业厅下达工厂生产400公升移动式混凝土搅拌机20台和YA32—100型、

100吨四柱液压机20台的任务。该产品按国家第一机械工业部第五局的质量标准生产。

7月25日,造船厂以"(65)厦造船计字第50号"文向福建省计委交通处发出《函报试制钢质机帆渔船方案》的报告,要求试制钢质机帆渔船,主机拟采用6135柴油机。首船预计总成本150000元,投产后每船总成本120000元。试制周期计划八个月(包括设计在内)。

当年厦门造船厂实际完成工业总产值193.15万元,商品产值251.04万元,利润总额22.61万元。制造船舶45艘,排水量20675吨,其中钢质趸船、40立方砂驳5艘1006吨。修理各种木质和钢质船舶173艘、5476吨,铸件总产量完成226.41吨。

1966年2月1日至5日,中国拖拉机内燃机

1965年9月建造的铁壳趸船

工业公司在天津市召开了"全国小型汽油机发展新产品歼灭战会议"。会议期间讨论并通过了小型汽油机的系列型谱，并对发展新产品的组织部署工作进行了研究，其中决定厦门造船厂于当年的4月份完成1E31F型汽油机样机500时耐久试验，并将缸径改为32毫米，改型为1E32F。4月小批投入，三季度制出发型样机。时任厦门造船厂副厂长的黄大斌和工程师范贤年作为厂方代表出席了会议。会后，福建省重工业厅也向造船厂下达了1966年生产1E32F机400台的任务。造船厂则根据自身力量，制订了1967年生产1E32F型汽油机20000台的生产计划，以满足割草机、喷雾喷粉机等农用机械的配套。11月，厦门造船厂向国家第一机械工业部、国家第八机械工业部、中国拖拉机内燃机公司、福建省人委、省计委、省经委、省重工业厅、厦门市委办公室、市委工交政治部、市财政局、劳动局、统计局、工商局、物资局、人民银行等单位发送《关于成立地方国营厦门汽油机厂的通知》，说明为了适应1967年小型汽油机扩大生产需要，决定成立地方国营厦门汽油机厂，设址厦门市工农路11号（原厦禾路418号）。同月4日，厦门造船厂再向厦门市委和市机电局呈送《关于成立汽油机厂规划报告》，对拟成立的汽油机厂做了进一步的详细规划。

正当国民经济的调整基本完成，国家开始执行第三个五年计划的时候，一场以所谓"防止资本主义复辟，维护党的纯洁性，寻求中国自己建设社会主义道路"的意识形态领域的大批判活动拉开了序幕，由此开始了长达十年、给党和人民造成严重灾难的"文化大革命"。

1966年"文革"开始以后，厦门造船厂也卷入了这场史无前例的运动当中，在工厂员工中先后成立了大小39个的派性组织。但造船厂的领导和职工，在"抓革命，促生产"的口号鼓舞下，克服了重重困难，始终把发展生产作为第一要务，在生产和技改方面都取得了一些业绩。这一时间段的厦门造船厂，实现了从生产木质船向生产钢质船的时代性生产能力和造船技术的飞越。在造船方面连创许多第一次：第一次生产援助越南的货船，第一次奉国务院的命令生产灯光围网渔船，第一次生产军品武装侦察渔船，并由此晋级为国家第六机械工业部归口船厂。除了造船外，厦门造船厂还自主发展非船机械产品，其生产的小型汽油机，受到国家第八机械工业部的高度重视，并着手筹划在厦门市的坂头成立以厦门造船厂动力机车间为主体的年产五万匹汽油机的厦门汽油机厂。遗憾的是，这一计划后来没能实现。在"自我武装"方面，厦门造船厂长期坚持广泛发动群众大搞技术革新，进行"自我装备"，以不断提高工厂的生产能力。其中自主生产的一台6300型600匹动力增压船用柴油机，具有较高的技术含金量。在壮大企业装备的同时，培养了一批高等级的轮机技术人员，为企业增加了难得的人力资源。

由于在 20 世纪 50 年代遭受台湾国民党军队飞机的轰炸后，一直没有修复，老船坞已经破烂不堪。厦门造船厂决定对百年老船坞进行修复，在船坞的修建过程中，工人们解决了材料供应的困难，攻克了焊接优质合金钢和装配重达 36 吨重卧式船坞闸门的工艺难题。该卧式船坞闸门在当时是全省第一扇大型船闸，其结构先进，能承受双面水压力，水密性好，使用方便。经过两年多的努力，船坞于 1968 年得以成功修复。

1967 年，厦门造船厂接到了中央订货的 1E32F 汽油机 3000 台的订单。接着又接受了上级试制军工产品的任务，这项军工产品以"460"代号。

1967 年 3 月 28 日，成立"厦门造船厂 460 会战办公室"。在此之前半个多月，厦门造船厂编制完成的《地方国营厦门造船厂自然情况》，对当时造船厂作了全面概要的记载："根据造船厂当前各方面条件，适应于修造各种类型船舶（造 500T 钢质船，修 1000T 钢质船）及轮机修配和可以承担部分国家定型的建筑工程机械，（例搅拌机）矿山运输机械（ITV 型矿车）小型汽油机（5HP 以下等）。全厂占地面积共 67922 平方米，其中建筑面积 30758 平方米。全厂生产用面积 25699 平方米，分为金属船体车间 4103 平方米，（其中金工 1377 平方米，冷作装配 2126 平方米，锻造 600 平方米），铸工车间 1932 平方米，动力机车间 200 平方米，木质船体车间 5463.49 平方米（其中金工 537.20 平方米，冷作装配 389 平方米，锻造 180 平方米）。此外，尚有永久性建筑能负荷 125 吨以内的修船滑道二条，木质滑道一条，临时性修造船工棚大小 6 座，120×18×2160 平方船坞一个。现有职工人数 1018 人，企业定员 785 人，生产人员 619 人。（其中行政人员 123 人，技术人员 55 人）工人平均技术等级 3.5 级，共有 23 个工种，除生产技术工外，另有辅助工 179 人。主要生产设备，现有生产机械动力设备共 231 台，（1）金属切削机床 88 台，其中主要设备：车床 36 台，铣床 12 台，刨床 7 台，磨床 9 台，齿轮机床 2 台（加工 1—8 模）；（2）锻压设备 24 台（最大锻锤 500 公斤）；（3）铸造设备 4 台（最大 3 吨冲天炉一座）；（4）起重设备 14 台（均是自制土设备）；（5）电器设备 24 台，其中电焊机 16 台。行政机构和生产组织：全厂设职能股室 9 个，生产计划股、技术股、检验股、动力股、财务股、供销股、劳工股、人保股及行政股等。生产车间分为：金属船体车间、木质船体车间、动力机车间、铸造车间、维修工段等。概括生产能力与主要产品：根据现有生产技术条件，当前主要产品有军修舰艇，145-3 型 400 公升搅拌机，ITV 矿

车，IE32F（0.8HP）汽油机，修造60吨帆渔船等。"

1968年9月27日，经上级批准，成立由隋广宽、陈广胜等27人组成的"厦门造船厂革命委员会"。11月下旬，"厦门造船厂工人委员会"成立，共有140多名工人代表出席成立大会。会上产生了工人委员17名，其中主任1名，副主任2名。

1969年1月，刚修建好的干船坞首次接修厦门港务局的500吨级货船。

3月，承接制造上海煤炭燃料供应站的3艘100吨铁壳机动煤驳船的任务。首船于7月份开工，于1969年11月12日下水。同年，在鼓浪屿工地成功造出两艘钢质小客轮，开创了厦门造船厂从造木壳船转向造钢质船的历史新纪元。4月，在原1E32F型汽油机的基础上，企业又试制成功一批更轻巧灵便、经济耐用的 1E50—F1 新型汽油机。

1969 年，船厂生产业绩显著，被评为厦门市的先进生产单位，厂"革委会"主任隋广宽赴京参加国庆 20 周年庆典，并分别于 10 月 1 日和 10 月 11 日受到毛泽东主席的两次接见。

在 1969—1970 年期间，船厂工人土法上马，自力更生，自我武装了一批设备，如成功制成了 JO2 摩擦试验机，填补了国家该项设备的空白点；浇铸了重达 9 吨的五米龙门刨机体，自我武装龙门刨床和两台五吨行车；自制了 1 台起重能力 20 多吨的土吊车、4 台土式弯管机以及十几台土设备。同时还移山填海，平整出造船场地 200 多平方。

1970 年开始，厦门造船厂划归厦门交通局管辖。

2 月 1 日，厦门造船厂与在 1961 年 8 月 29 日分离出去后的厦门航管局船舶修船厂再次合并，原航管局船舶修船厂更名为厦门造船厂厦港工地，再次形成"一厂三工地"的格局。此次合并时间暂短，过没多久，船舶修船厂又回归原名称，仍属航管局管辖，其任务以维修本系统的船舶为主。厦门市修造演武大桥时，由于生产条件受到严重破坏而停产。

4 月，船厂在抢修海军三艘巡逻快艇过程中，仅在一个潮水时间里就将三艘快艇拖上船台，创造了修船效率最高纪录。

1970—1971 年，船厂成功研制出一台6300 型 600 匹动力增压船用柴油机，在整机铸造、曲轴喷油嘴、高油泵、含金铝活塞连杆等主要机件的制造中攻克了不

鼓浪屿工地 1000 吨级钢筋混凝土滑道

少技术难关。经对该机各种性能进行试验表明，各项主要指标都达到设计要求。经配带 320 千瓦发电机连续运行 2300 小时的试验，其品质良好。此举开创了船厂研制船舶主机的历史。而后，该机作为工厂的备用发电机主机一直正常运行，到 1996 年企业迁离厦禾路才退役。

1971 年，船厂在鼓浪屿工地自行设计建造 1000 吨级钢筋混凝土滑道一座，其轨距 4 米，长 110 米，倾斜度 1：18。此设施建设投资少，用料省，并具有船舶下水安全稳定的特性。

1971 年，厦门造船厂完成工业基础总产值 380.083 万元，比 1970 年增长 12.9%。完工 125 吨钢质水产运输船、60 吨机帆船各一艘，修理军用船只 18 艘 /1005 吨位，修理民用船只 14 艘 /2045 吨位。同时，在建造过程中的 3 组（9 艘）灯光围网船已完成 40%（即完成了二艘围网

1971年开工建造围网船

厦禾工地修船坞在修船

船、三艘灯光船的船壳和舾装、零部件安装任务）。该批船是当年我国同日本签订的一项公海灯光围网船捕鱼协定中的一部分，协定配额我国制造160艘、日本制造100艘灯光围网船捕鱼船。周总理于6月份对发展灯诱围网渔船作了专项指示，福建省也成立了"灯光围网渔船建造办公室"。该办公室委托马尾造船厂、省水产造船厂、厦门造船厂完成建造5组（其中网船5艘、灯船10艘）灯光围网钢质渔船任务，其中厦门造船厂分配到3组（9艘），于1972年6月前先后成功交付。灯光围网船是当时国内渔船中吨位大、稳性好、设备齐全、能在Ⅰ类航区航行的先进新型渔船。在完成船舶制造的同时，造船厂还制造了0.8HP喷雾机配套件、汽车化油器、低压泵化油器总成等配件1954套。完成永安水泥厂的设备16套，球磨机3台，糖厂混合机配件55件，钢铸件81吨。还完成自我武装项目：制造了五米龙门刨床一台，1.5吨无心工平感应电炉一座。

从1972年3月后，在福建省交通厅的支持下，厦门造船厂被列为09单位协作厂，纳入六机部年度生产计划，进入国家计划管理体系，生产所需物资由国家统一分配供应，开始小批承造六机部下达的建造武装侦察渔轮和援助越南的小货船等数十艘的任务。为了完成在1973年建造援越50吨贷轮和油轮25艘的计划，并为以后每年能建造小型船舶（50吨级）40艘打基础，10月16日，厦门造船厂革委会向市交通局提交了《为完成援越船舶建造任务所需劳力事宜报告》，希望在全厂职工数1028人（其中生产工人853人，技术人员49人）的基础上，增加劳力400名，技术人员20名。

1973年，造船厂全年完成工业总产值627.7万元。主要产品：完成400匹双拖渔轮二艘，在建两艘渔轮总进度达90%；完成50吨沿海钢质货船10艘，共1200马力、1050吨位。在建10艘的进度达37%；完成四吨50米双拖起网机8台，汽化器总成2700套，汽化器铸胚600套，电炉铸钢件135.08吨，80吨液压炉底车一台（三钢产品）。自我武装C628式车床7台，V3.326矢轮刨齿机1台。

当年7月，厦门市革命委员会政治处、生产指挥处同意厦门造船厂的机构设置为13个科室和6个车间，分别为办公室、工会、团委、组织科、宣传科、保卫科、生产科、技术科、检验科、供销科、劳工科、财务科、动力设备科、金工车间、动力机车间、第一船体车间、第二船体车间、铸造车间、机修车间。

10月，造船厂遭受15号强台风的袭击，原本已经下水的两艘渔轮和四艘货船均遭到了严重的损坏。台风过后，工人们奋不顾身地抢救国家财产，不仅捞回100多立方米杉木，而且经过40多天的奋战，修复了两艘渔船。在此期间，维修车间、铸造车间和金工车间相互配合，先后制造出五米龙门刨床一台，1.5吨炼钢电炉一座，五吨行车三部，C618式车床20台。鼓浪屿工地船体车间也制造出了200多吨压力的土压机、角钢弯曲机、弯管机等造船设备。大量设施设备的添置、更新，使船厂的生产效率和产品质量都有了明显的提高。同一年，还为海军装备部承造了400马力钢质武装双拖侦察渔轮4艘，并分别于1973年和1974年完工交船。

1974 年国家在水运工业发展规划中，提出拟在福建省建万吨级修船坞三座，其中厦门安排万吨和五万吨各一座，交通部专门派人到福建传达规划要求。经过省市有关部门的实地调查分析，经过研究，决定在厦门造船厂扩建，并编造规划呈报上级批准。但是由于厦门造船厂的老厂址受历史的限制，加上厂房布局不合理，且与周围环境、建筑物相比邻，水域的条件也很差。所以扩建、新建万吨级船坞便考虑安排在厦门嵩屿一带。当时规划扩建厂区占地总面积 66 公顷，主要水工建筑物和车间轮廓包括：

□修船坞

（1）1 号修船坞，长 185 米 × 宽 27 米 × 深 9.7 米，修船能力二万载重吨。（2）2 号修船坞，长 235 米 × 宽 38 米 × 深 11.2 米，修船能力五万载重吨。

□舾装码头

两座，共计长度 1480 米。

规划中强调争取工程在 1976 年正式开工，1980 年内完成。预计的总投资额 2.1 亿元。

同年 9 月，厦门市计委同意厦门造船厂在嵩屿选址扩建五万吨级修船坞的计划。

12 月 10 日，造船厂承造的 6 艘援越 50 吨油船全部完工，并合格出厂。厦门市外贸局于 12 月 14 日组织船员接船，于 12 月 18 日正式离开工厂。

1975 年，船厂完成工业总产值 700.12 万元。当年，成功开发三项科技项目：一是研制了趸船与撑杆连接处的弧形橡胶垫防冲装置，其特点是承载压力大，消震作用好，结构简单；二是铸工车间采用海砂代替石英砂，其耐火度等指标达到铸钢要求，价廉质高，大大节省铸钢成本；三是船体车间研制了 L150 型肋骨冷弯机，使肋骨成型效率提高两倍，大大降低劳动强度。当年，又为海军装备部上海办事处承造二艘 600 马力钢质武装侦察渔轮，满载排水量 366 吨，并于 1977 年完工交船。

1976 年 12 月，国家第六机械工业部行文确认了厦门造船厂为六机部归口厂。随后，六机部先后下达了"079"中型登陆舰、"917"捞雷艇、1000 吨成品油轮、600 马力武装侦察渔轮等军工产品。其中船厂与上海中华造船厂联合设计，并由厦门造船厂制造的 600 马力侦察渔轮 2 艘，其侦察设备先进，为国内首批新船型。而"917"捞雷艇是国内首次试制的军辅船，该船排水量为 720 吨，航速 13 节，设有自动导航、机舱集控、中央空调等装置，采用双可调螺距螺旋桨作为推进器，配有液压机械手折臂吊进行捞雷作业。由于承接军品建造任务，按规定，海军装备部和解放军总后勤部车船部先后在工厂设立了军代表室。

这一年，造船厂完成工业总产值708.3万元，销售额925万元。职工总数达到1074人，其中管理人员103人，工程技术人员45人，技术工人906人，分23个工种，11个科室，6个车间，55个生产小组。

成为六机部归口厂后，部里拨款给船厂建设厦禾路工地舾装码头一座、鼓浪屿工地制氧车间一座。而材料物资供应则划归六机部闽赣物资供应站管理，船厂的物资管理则按六机部的管理制度办理，在闽赣站的支持帮助指导下，在物资业务上锻炼和培养了一批青年干部。

917捞雷艇下水

自 1958 年至 1979 年，厦门造船厂的产值、利润和建设的船舶，详见表4-1、表4-2。

表4-1　1958—1979年厦门造船厂产值、利润表

年份	工业总产值（万元）	商品产值（万元）	造船（艘/综合吨）	修船（艘/万吨）	利润总额（万元）
1958	383.06		150/4107	210/13818（吨）	
1959	467.14	347.66	127/2471.7	275/14811（吨）	
1960	425.73	389.42	63/3372	125/7955（吨）	51.82
1961	353.99	298.62	66/1207		40.21
1962	209.35				29.21
1963	183.46			218/60.64	55.36
1964	211.60	176.5			24.08
1965	194.33	260.47			16.26
1966	314.71				41.33
1967	279.35				1.12
1968	88.17	65.58			58.83
1969	353.65		24/456	84/39.89	53.81
1970	337.28		6/480	49/72.49	25.12
1971	380.83		2/340	32/70.31	14.47
1972	613.83		9/1877.5	16/13.83	60.75
1973	627.70	495.51	12/1750	14/23.57	5.19
1974	547.58	600.89	18/2423.2	19/23.36	58.41
1975	700.72	159.99	3/300	18/20.70	30.05
1976	604.31	942.22	8/2550	27/25.52	46.88
1977	708.80	676.38	6/1642	19/28.06	60.97
1978	837.29	751.89	7/2986.5	20/30.39	74.39
1979	1167.31	1339.05	11/5322.4	16/8.33	93.55

表4-2 厦门造船厂船舶建造统计表

船名	结构	长（米）	宽（米）	深（米）	吃水（米）	满载排水量（吨）	航速（节）	主机马力（匹）	完工日期
厦鼓轮渡	木质	19.78	4	1.7	1.0	42.14	9.6	120	1958.2
市体委救护艇	木质	7.27	1.8	0.94	0.4	1.67	5.6	14.4	1962（开工）
汽车渡船（载重69吨）	木质	21.64	5.6	1.52	0.91	11.5	7.3	120	1963（开工）
市检疫艇	木质	13.12	2.92	1.2	0.85	15.65	9.2	80	1963（开工）
港口巡逻	木质	17.54	3.6	1.7	0.96	20.26	10.25	120	1963（开工）
集美航校实践号	木质	18.3	3.72	2	0.91	32	9.3	120	1964（开工）
港口分局交通艇	木质	11.58	2.81	1.63	0.77	10.5	8.36	169	1965（开工）
厦鼓轮船	木质	21.28	4.2	1.6	0.90	42.38	8.5	80	1965.12
水运16号货船	木质	23	5.16	1.66	1.51	85.6	5.7	60	1967（开工）
水运公司货船	木质	25.4	5.2	2.43	2.1	169	8.8	185	1969（开工）
厦门石码客船	钢质	24.50	5.0	1.4	0.75	48	10	150	1970（开工）
厦鼓轮渡（2艘）	钢质	23.24	6.7	2.0	1.4	121	9.78	150	1977.1
鹭江游艇	钢质	24.6	5.6	2.4	1.4	78.5	11.3	150	1978.12

注：①1968年后，主要生产军品。

②上列两表资料来源：《厦门市交通志》，人民交通出版社1989年版。

改革开放后的船舶工业

厦门造船厂的改革方向

厦门造船厂建于 1858 年，初名厦门船坞公司（AMOY DOCK COMPANY），厦门人俗称"大船坞"。历经沧桑，解放后，由我海军接管为海军修船厂，1954 年称海军 103 厂。1958 年，由海军 103 厂、陆军鼓浪屿二厂、闽南分局修船厂合并为厦门造船厂，归建厦门市地方国营，先后隶属重工局、交通局、机械局管辖。1983 年划归省船舶工业公司领导。

由于历史原因，三十年来，方向不定，未经改造，国家根据生产任务共投资 400 万元，其余均由企业自我武装，使固定资产从 1958 年的 160 万元增加至现在的原值 935 万元（净值 517 万元）。厦门造船厂分厦、鼓两大工地，生产设备、厂房破旧，可用设备不足 200 万元，生产流程零乱。

1. 主要设施

本企业占地面积（㎡）	其中：鼓工地总面积（㎡）	其中：厦门工地总面积（㎡）	船台面积（㎡）		厦门船坞	码头设施
			鼓浪屿	厦门		
96156	49080	47076	2183	1600	100×12×5	厦门：33m×9m 舾装码头—鼓浪屿：40m×8m 厂内码头

2. 起吊能力

厦门工地	鼓浪屿工地
2-6T 搭式吊车	5T 电动葫芦行车
20T 门座式吊车	15T 土吊杆
5T 行车（金工车间）	15T 海岸吊
5T 行车（铸工车间）	15T 大吊杆
16T 轮胎吊、8T 汽车吊、5T 固定少先吊	

3. 工艺水平

船体放样：手工实尺或缩尺放样。

划线下料：手工划线，剪切和手动气割并存下料，几乎没有使用半自动气割工艺。

焊接：手动焊接。

建造工艺：船体零件，部件上船台，多数采用搭式，造船法。

超重运输：绝大部分厂内施工区未配备必要适当的起重运输设备（20T 龙门吊已投入使用），有时尚要扒杆配合起吊作业。

顶舾装：船体大合拢前不进行预装工作。大合拢后，机电设备管系及电气安装依次作业。

人均产量：约 1.77 综合吨 / 人·年。

船型研制：自行设计，建造 470T 经济货船等民用产品。

4. 船舶品种

1949—1970 年：钢质小艇修理，木质船舶制造。

1974—1980 年：全面承造钢质渔轮，港口拖轮、机动煤驳、灯光围网船，游艇、趸船、海军登陆艇。

1981—1988 年：海军捞雷船，470T 货船、600HP 半甲板驳、500T 驳船，135HP 带缆艇，1000T 集装两用驳船，1000T 成品油轮。

5. 人员情况

1990 年现有职工：全民 1100 人，集体 200 人，离退休人员 340 人，其中各类工程技术人员 110 人。

厦门造船厂历史悠久，于 1858 年由中英民间合资的使用机器的近代船厂，被视为中国 19 世纪 50 年代工业的缩影。历经沧桑，发展较慢。新中国成立以来，因地处前线及体制多变等原因，一直未得到技术改造和发展。

厦门经济的发展，尤其是外向经济的发展，使港口吞吐量激增：1980 年为 190 万吨，1984 年为 300 万吨，1988 年增至 468 万吨，年平均递增率 12%。

按照市政府关于厦门经济发展的规划，如厦门经济发展速度为年 15%，以港口吞吐量的发展速度为经济发展速度的 60% 计算，港口吞吐发展速度为年 9%。至 20 世纪末，在厦门工业总产值 246 亿情况下，港口吞吐量达 1816 万吨。

船舶工业总产值占社会的总产值比例很小，但在国民经济中具有不可忽视的地位和作用。船舶工业是海港、航运、渔业、海军等的后勤部门，设备完好的高效率修造船设备是港口建设与技术设施不可分割的组成部分，船舶工业的生产能力必须与港口的发展相适应。

作为厦门市最早、最大、最老的厦门造船厂，当前存在着六个方面的差距和困难。

1. 生产能力与需求的差距

厦门造船厂于 1987 年共造船 16 艘 8500 总吨，还不到全国钢质民用船舶的 5‰，这与厦门具有优良港湾的海港城市很不相称。修船产值仅 200 万元，只占全省船舶修理费用的 3%。由于修造船舶能力不足，各部门的造、修船任务多由江、浙、沪等地船厂承担，稍大一些吨位的本港船舶要开住上海、香港等地修理，增加了外汇支出。随着厦门经济特区生产和建设的发展，港口吞吐量大幅度增加，本市各类船舶的建造和修理的需求也随之增加，万吨级中外船舶进出增多，这一矛盾将更加突出，我们甚感力不从心。

2. 修船设施过小不能满足本港及进港船舶的需要

厦门造船厂具有厦门港最大的船坞，仅能修理 1000 吨级船舶。厦门造船厂是厦门市唯一具有固定码头的船厂，也仅有 33 米长，也仅能舶修 1000 吨级船舶。而随着特区发展，每年进港的上千艘国轮、几百艘外轮都在 3000 吨以上，达 3 万～5 万吨，本市所有船厂均无力担任坞修以上级别的修船任务。一个港口的繁荣，在不小的程度上须依靠船坞设备的效率与能力，因此，修船设施是不可缺少的港口配套工程。目前厦门港已建有 5 万吨级深水泊位，而修船舶的船坞只能容纳千吨以下的船舶，差距甚大。长此以往，厦门港将被国内外航运界视为危险港，我们甚为内疚。

3. 工艺技术水平低，企业无后劲

130 年的老厂，从未系统规划改造，生产流程杂乱，厂房设备陈旧落后，工艺技术水平很低是当前最突出的矛盾，每一职工所占可用固定资产净值仅有 2000 多元，不到全国同类船厂的一半，为现代化船厂的 1/20。造修工艺水平只相当国内 20 世纪 50 年代中后期水平，相当国外 40 年代的水平。因此，企业经济效益差，利润都浮动于缴利和亏损之间，可用于更新改造的资金（约 30 万元），不够应付修补工程，甚至动用流动资金，以维持简单再生产。这是造成职工内向不足，离心有余、技术队伍不稳定的主要因素。

4. 企业管理落后，劳动过剩与生产能力差的矛盾相当突出

由于生产手段落后，仍以体力劳动为主，劳动条件十分艰苦，企业仍处于传统管理阶段。近年来，在改革和管理上采取了一些措施而生产能力提高不多，但人力过剩的矛盾更显突出。目前船厂不是无船可造、无船可修，而是处于有力无处使的状态。若将系统工程，价值工程，满负荷工作法等列入企业，人力过剩的状况将更加突出。

5. 市总体规划限制厦门造船厂修、造能力的发展

厦门造船厂现有厦禾路 1 ～ 11 号工地（第一码头附近）和鼓浪屿工地（位于燕尾山西侧）两处，均处于市总体规划中心及环岛公路之内，从而失去作为修造船厂必须具备岸线的必要条件，提高修、造船能力失去可能。同时为提高厦门船厂自我改造能力，需开发新的行业和产业，又受到厦禾路拓宽和威胁（不知何时拓宽），而多次受阻，无法实现。

6. 管理体制给企业的发展带来困难

厦门造船厂从 1958 年由海军转给地方以后，归属几经变化，每个主管局都将造船厂看作"代管"单位，从未认真考虑过造船厂的技术改造和规划。1983 年划归省船舶工业公司管理后，由于财力不足，也摆不上位置，我厂为自身的生存和发展，几经努力，始终是求援无处，告贷无门，一个个规划落空，一项项工程告吹，得到的总是"无力"和"省属"回答。

综上所述，厦门造船厂的出路在哪里？

（一）厦门造船厂曾是厦门重要的大厂之一，曾为厦门的交通和机构工业做过自己的贡献，但随着经济特区的发展，厦门造船厂却衰落了，或者说被人遗忘了。走进造船厂看不到像样的厂房，车间和像样的设备，谁会相信这是一家具有 130 年历史的，被国家机械委员会定为全国重点企业的工厂。

全厂职工在改革开放的形势下，我们不否认自己的无能，但做过大量的努力和挣扎，却路路不通，处处碰壁，只能年年维持，年年挣扎，最终可能是倒闭和破产，这是厦门造船厂前途的第一个可能。这无论对社会，还是对企业的职工来说，都是不寒而栗的。

（二）大家都知道，如同没有医院的城市，居民缺乏安全感一样，没有相应规模船厂的港口是一个危险的港口。而作为厦门传统造船工人理解自己的

责任，厦门造船厂在特区港口建设中应有自己的贡献和作用。但就船厂的自身能力来说，是心有余而力不足，只能是望港兴叹。同时，厦门造船厂要养活 1800 多个职工和近 400 位退休人员，要使他们跟上特区生活指数的增长。第二个出路将是"弃船逃生"。企业逐步转行另择别业，以提高企业效益，而置社会效益于不顾，这条路子对企业职工来说是一条出路，而对社会来说决不是上策。

（三）造船行业本大、利小，社会效益高，一艘渔船顶不上四船鱼的价格，一艘货船 3 至 4 年可收回投资。造船行业虽然不景气，竞争激烈，但福建却有兴旺的小气候，厦门却有得天独厚的优势，近年来，我厂为适应航运事业的活跃，自我设计并建造的 470 吨经济型货船供不应求，已建造 13 艘之多。出口香港船舶，年年为国家创汇。目前正在试制国内急需，尚无先例的 1000 吨成品油船，可望在今后几年内不下十艘的需要量（单艘价 700 万元），而我厂当前生产能力每年不足两艘，修船能力和水平也远远跟不上船东的要求，只好拒之门外。面对如此乐观的市场，我们却无能为力，我们相信，各级领导和我们一样感到痛心。为此，我们希望得到各级领导和有关部门的重视和扶持，对船厂给予技术改造，从技术进步入手，填平补齐，理顺生产流程，以提高造、修船生产能力，为港口发展多做贡献，同时统筹帮助产品结构的多元化，以充分利用人才和劳力，提高效益，为使厦门造船厂能为特区建设多做努力。这将对企业职工和社会都是有益的上策。

综合上述各种因素，从厦门港口发展前景预测，厦门造船厂在"八五"（1991—1995 年）期间的方向是：

依靠技术进步，坚持改革，不断提高生产技术水平和管理水平，建成与厦门特区经济和社会发展相适应的船舶修造能力，力求达到在提高质量、降低成本、确保效益的基础上，创造条件，逐步承担闽南地区各种船舶的修造任务，承担本港及万吨级进港船舶，尤其是万吨级外轮的修理任务。

由于船舶工业的资金利润率低，必须广开门路，充分发挥本厂优势，开发玻璃钢渔船产品，大力发展大型钢结构件、压铸件及小型机电设备等非船产品的生产。

组织专职机构，在国家支持下，抓紧筹建大型修船基地，并通过"外引内联"，力争在三年内形成万吨级修船能力。

（一）厂址。根据厦门市总体规划及中船总第九设计院为我厂做的规划和可行性研究，决定在厦门海沧地区、嵩屿一带沿岸可作为大型修船厂的建厂厂址。拟征地 10 万平方米，约需费用 500 万元。仅建修船厂，内不设生活区。

（二）修船码头。根据水文资料，码头面标高 +5.5m（黄零），设计最低潮位取 −2.33m（累积频率 90% 之低潮）。修船码头前沿海底标高为 −9.5m，长 400m，约需投资 500 万元。

（三）厂房。按每艘船舶进坞时间 6 天，选用一艘浮船坞的方案，修船厂各生产部分和辅助部分的用房面积共需 2 万平方米，约需投资 600 万元。（可分三期进行）

（四）动力供应。全年耗电 370 万度，氧、乙炔气由市氧气厂及气体公司供应，本船厂自设压缩空气站和锅炉房。

（五）浮船坞。选用可承修 5 万吨级浮船坞一座，根据资金情况，可设计新造，可利用废旧大型船舶改造。或购买国外旧船坞，或采用内联、外引的方式由国内或国外有关企业提供浮船坞进行联营。

（六）厦门造船厂现有厦禾工地占地 5 万平方米，拟在"八五"期间，按建成较完善的 1000 吨级修船中心和非船产品生产基地。鼓浪屿工地以千吨造船基地建设人纲，需增加起吊设备及分段生产厂房，共需投资 800 万元。

以上建设落实，预计可达总产值 8000 万元，利税 1000 万元，创汇 500 万美元。

（撰稿人：罗加福）

表5-1　1969—1983年厦门造船厂主要数据和指标

项目	1969年	1970年	1971年	1972年	1973年	1974年	1975年	1976年	1977年	1978年	1979年	1980年	1981年	1982年	1983年
总产值（万元）	353.65	337.28	380.83	613.83	627.7	547.58	700.72	604.31	708.3	827.29	1167.31	1119.55	902.41	486.6	510.65
其中：造船（万元）	41.9	80	34.5	600	508.79	415.26	594.36	447.84	581.51	770.08	1079.32	1000.28	752.45	292.8	396.03
修船（万元）	39.89	72.49	20.31	13.83	23.57	21.02	23.45	27.14	30.59	29.16	21.71	33.11	116.02	123.9	63.95
柴油机（万元）															
其他（万元）	271.86	184.79	276.02		55.34	111.3	32.91	129.33	96.2	38.05	66.28	86.16	33.94	69.9	50.67
商品产值（万元）					495.21	600.89	159.99	942.22	676.38	751.89	1339.05	923.73	884.07	428.5	526.52
净产值（万元）									145.49	193.55	220.78	226	225.64	244.9	162.5
产量：造船（艘/吨）	24/456	6/480	2/340	9/1877.5	13/1750	18/2423.2	3/300	8/2550	6/1612	7/2986.5	11/5322.4	8/3984	8/4255.7	3/882.3	7/1217.1
修船（艘/吨）	84/39.89	49/72.49	32/70.31	16/13.83	14/23.57	19/23.36	18/20.70	27/25.52	19/28.06	20/30.39	20/29.89	16/8.33	28/112.48	21/130.56	19/56.57
柴油机（台/马力）															
其他															
职工总数（人）	940	1056	1057	1203	1078	1081	1050	1089	1309	1315	1361	1377	1390	1357	1449
其中：工人总数（人）	795	909	905	1062	939	948	918	957	1134	1131	1191	1171	1159	1111	1099
技术人员（人）	45	45	48	56	44	44	47	47	54	59	51	66	65	81	95
职员（人）	75	77	70	72	73	61	61	67	98	102	105	105	115	121	121
全厂面积：占地面积（m²）	67.4	67.4	67.4	67.4	70	70	70	70	80	80	80	86.85	86.85	92.991	92.991
建筑面积（m²）	26890.5	26890.5	26890.5	26890.5	27890.5	27890.5	27890.5	27890.5	30890.5	30890.5	30890.5	40055	40055	36.871	36.871
固定资产：原值（万元）	350.44	383.06	402.31	384.58	465.19	502.12	517.03	525.51	551.44	592.83	701.52	738.78	803.46	738.26	734.09
净值（万元）	255.5	282.94	290.26	273.12	341	358.07	349.9	339.55	340.5	355.25	438.3	467.36	498.11	475.5	447.82
折旧基金（万元）	10.06	9.52	16.12	15.8	14.14	19.9	22.88	23.32	24.98	23.76	26.32	32.52	35.97	33.05	29.12
流动资金金占有额（万元）	306.31	276.21	400.74	744.85	818.19	741.55	969.88	1386.39	1131.29	1362.38	1613.85	1466.58	1496.25	1100.69	987.56
周转天数（天）	270	413	941	377	564.2	465.7	2022	540	645	626	442	596	606	978	680.7
基本建设投资（万元）		11.35			46				9	11.93					60
技术措施等费用（万元）					23.71	11.83				21.71	85.21	19.36	8.83		
税金总额（万元）	16.01	8.62	6.66	35.57	25.62	28.66	8.63	40.23	10.09	11.29	7.19	8.57	18.88	8.76	10.72
利润总额（万元）	53.81	15.12	14.47	60.76	5.19	58.42	30.05	46.85	60.97	74.39	93.55	84.79	70.1	6.34	28.16①
上缴利润（万元）			10.14	53.14		58.4	29	43.29	65.03	49.08	80	96.73	58.89	29.64	5.01②
全员劳动生产率（元/人）	3691	3484	3277	5102	5681	5113	6488	5554	6504	7646	8665	8190	6530	3560	3674

表5-2 1973—1982年厦门造船厂造船竣工表

船名	竣工年月	订船单位	设计单位	使用航区及靠地点	订舱类型	主尺度总长、宽、深吃水（米）	吨位	主机型号功率及数量	铆接及焊接	特微及特点	船上装各材料国内自给率	其他
新制钢质趸船	1969年3月						1/200		焊接		100%	1
新制钢质机动驳船	1969年11月				内河二型		100	98HP	焊接		100%	1
机动钢质船	1970年	上海航运局	上海东沟船厂	上海黄浦江			136	120HP	焊接		100%	4
钢质运输船	1971年7月	渔业运输公司	本厂	二类	运气船	25×5.3×2.3×1.6	260	6160型185HP	焊接		100%	1
钢质灯光船	1972年8月	省水产局	本厂	一类	渔船	31×6×2.9×2.4	113	380HP	焊接		100%	6
钢质围网船	1972年8月	省产局	本厂	一类	渔船	27.9×4.5×2.7×1.8	416	6300型600	焊接		100%	3
"210" 400HP双拖钢质渔轮	1973年12月	海军	上海渔轮厂	三类	渔船	40.5×7.4×3.9×3.1	350	400HP	焊接		100%	8
50吨沿海钢质货船	1973年12月	援越	广东文昌船厂	一类	货船	38.9×7×3.75×2.9	105	120HP	焊接		100%	20
50吨沿海钢质油船	1974年12月	援越	广东文昌船厂	一类	油船	26.5×5.2×2×1.4	112.2	300HP	焊接		100%	6
600HP对拖钢质渔轮	1976年12月	海军	本厂	二类	渔船	26.8×5.6×1.9×1.4	350	600HP	焊接		100%	4
"210" 400HP单拖钢质渔轮	1976年11月	海军	上海渔轮厂	三类	渔船	38.9×7×37.5×2.9	350	400HP	焊接		100%	5
轮渡钢质客轮	1977年1月	厦门人委办公室	本厂	厦鼓	客轮	24×6.7×2.3×1.4	126	6135型150HP×2	焊接		100%	3
骏江号游艇	1978年12月	厦门人委办公室	本厂	厦鼓	客轮	24.6×5.6×2.4×1.4	78.5	150HP	焊接		100%	1
"12" 武侦钢质渔轮	1978年12月	海军装备部	中华船厂	二类	渔轮	38.9×7×3.75×2.9	350	600HP	焊接		100%	4
"213" 武侦钢质渔轮	1979年12月	海军装备部	中华船厂	二类	渔轮	40×7.2×3.7×2.9	366.16	6300型600HP	焊接		100%	16
500吨舱口吸船	1978年8月	厦门港务局	上海		驳船	46×8.5×3.3×2.5	1508		焊接		100%	8
"079" 中拖舰	1979年12月	海军装备部	上海708所	三类	中拖	60.3×10×5.8×1.82	503	600HP×2	焊接		100%	3
1M3抓斗式挖泥船	1981年6月	省属工程处	本厂			25×8×2.1×1.24	215	40HP发电用	焊接	抓斗式	100%	2
100米钢质方舟	1981年11月	厦门港务局		厦门和平码头		100×11×2×0.64	700		焊接		100%	1

表5-3 1973—1982年厦门造船厂完成有关指标汇总表

项　目	1973年	1974年	1975年	1976年	1977年	1978年	1979年	1980年	1981年	1982年
工业总产值（万元）	627.7	547.58	700.72	604.31	708.3	837.29	1167.31（最高）	1119.55	902.41	486.6
商品产值（万元）	495.51		159.99	942.22	676.38	751.89	1339.05（最高）	923.73	884.07	428.5
劳动生产率/全员（元/人）	5861	5113	6488	5554	6504	7616	8665（最高）	8190	6530	3560
平均职工人数	1105	1071	1080	1088	1089	1095	1347	1367	1382	1367
年造船量（艘/吨）	12/1750	18/2423.20	3/300	8/2550	6/1642	7/2986.50	11/5322.20	8/3984	8/4255.70	3/882.36
年修船量（艘/吨）	14/281	10/2372.60	18/2396	27/2994	19/3655	20/2857.50	16/1151	20/3137.50	28/2187.30	21/3158
固定资产原值（万元）	465.19	502.12	517.03	525.51	551.44	592.83	701.52	738.78	803.46	738.26
固定资产净值（万元）	341.04	358.07	349.9	339.55	340.5	355.25	438.3	467.36	498.11	475.5
年上缴利润（万元）		58.4	29	43.29	65.03	49.08	80	96.73	58.89	29.64
年上缴折旧费（万元）	5.66	7.26	9.15	9.33	10	15.85	14.43	16.22	17.96	16.52

厦门造船厂的跨越发展

　　改革开放初期，国家的经济体制还未发生大的变化，厦门造船厂继续在六机部归口厂的位置上，全心致力军品生产，先后生产出"079"中型登陆舰、"917"捞雷艇、1000吨成品油轮等军品。1978年4月，厦门造船厂革命委员会还对船厂1978—1985年的8年发展做了初步规划。规划主要围绕着完成军品任务展开，并设想1985年的生产大纲为年产"213"武装侦查渔轮8艘，960万元；"079"中型登陆舰4艘，1000万元；"073"产品2艘，600万元；完成军修、地方修船舶8000吨，440万元。预计全年共完成产值3000万元。

　　1979年，造船厂的总产值1167.3万元，商品产值1339万元，达到历史最高水平。

　　1980年5月，厦门市政府决定将造船厂改归为厦门市机械工业局管辖。

　　1981年，厦门造船厂开始试行经济合同包干制。但随着国家经济体制的转变，六机部从国家工业管理部门改制为企业性质的中国船舶工业总公司，厦门造船厂也逐渐减少了军品生产。1982年8月，福建省人民政府发出《关

079中型登陆艇下水

于成立"福建省船舶工业公司"的通知》，将厦门造船厂、马尾造船厂等5家船厂划归为该公司的骨干企业。

1983年1月，厦门造船厂正式归属福建省船舶工业公司。这时的厦门造船厂两个工地，共占地面积96156平方米，建筑面积41046平方米，其中厂部厦禾工地47000多平方米，鼓浪屿工地45000多平方米；主要水工设施有2000吨级船坞一座（长100米，底宽11.5米，水深6米）、500吨纵向斜滑道一条（长135米，轨距4米），300吨弧形船台一座（长250米，轨距3米），舾装码头一座（长33米，宽8.1米，水深3.5米），浮动码头一座（长33米，宽9米）。

1983年，造船厂的主要生产设备有起重运输设备52台（最大起重量16吨），焊接设备68台，金属切削机床85台（最长长轴车库11米），锻压设备14台，试验设备26台，150吨铸钢锅炉1套（无蕊工频感应电炉）。全厂固定资产原值734.09万元，净值447.82万元。

其生产能力可修造千吨级各类钢质船舶，设计建造交通艇、渔轮、油轮、货船、拖船、旅客渡船及载重量千吨级的沿海货轮、工程船、军辅船等。

1983年9月建成的钢质"港监3号艇"，长23.13米，宽5.2米，深2.3米，吃水1.4米，满载排水量63.5吨，航速10.3节。

这时期造船厂的主要产品有600匹灯光围网渔船组，500吨港驳，各种军辅船舶，并出口1000吨机动油驳。此外还承造船用甲板机械及其他钢结构件工程等。年造船量平均可达10艘/5000吨，年修船工业产值约200万元。

值得特别指出的是，在1983年间，厦门造船厂为厦门市旅游码头建设指挥部制造了"鹭

1984年7月1日厦门造船厂"917"船下水的报道

1989年为秘鲁建造的600KW渔船

1976年厦船自行设计建造的"鹭江号"游艇

江号"钢质游艇，该艇长 24 米，高约 8 米，重 80 余吨，作为当时厦门市最高规格的接待船。该船于 1984 年承担邓小平南巡视察厦门时的接待任务。该船退役后被列为文物，受到厦门市政府的保护，现陈列于市文化中心广场。

实行市场经济后，厦门造船厂没有军品来源，国内船舶市场极度不景气，而生产出口船又受到当时国家政策的限制，企业顿时陷入迷茫之中。但是有着自强不息精神的厦船人并未走入迷途，而是迅速调整心态和生产力量，转变经营方式，借助特区优势，领先于国内造船界，摆脱计划经济的习惯思维，开始大力发展外向型经济，把目光投向海外，造船出口。造船厂先后成立了造船分厂、修船分厂、机械分厂和众多的第三产业公司，

造船分厂以开拓出口船为主，实现了走出国门的战略。修船分厂联合天津新港船厂，成立航修厂，壮大了修船能力，同时大力发展钢结构业，成为厦门钢结构市场的最早开拓者。机械分厂主动出击，到处承揽业务。"三产"公司则以造船厂自身的技术、航次、服务等优势"就近下海"，取得了良好的经济效益。

1984年1月16日，厦门造船厂首次按国际标准为香港海洋技术顾问公司建造的第一艘出口船——千吨双桨机动油驳"飞航一号"成功下水。"飞航一号"于1983年9月开始建造，由工厂技术科10名工程人员组成的攻关组，按照英国劳氏规范，历时3个月绘制了1000多张施工设计图纸。该船长53米，宽12米，拥有22个舱位，满载排水量1670吨，时速8.34节，自重四百多吨，是厦门造船厂当时建造的最大吨位船舶，也是第一次打入国际市场的产品。此后，造船厂陆续建造出400T供油船、1000T双桨油船、80客位交通艇、855HP、1280HP拖船、1000立方开底泥驳、3000吨浮船坞等船舶，分别出口新加坡、秘鲁、香港等国家和地区。

1000立方米的开底泥驳

40客位的交通艇

1980 年至 1984 年这 5 年间，厦门造船厂的产值和利润，详见表 5-4。

表5-4　1980—1984年厦门造船厂产值、利润表

年份	工业总产值（万元）	商品产值（万元）	造船（艘／综合吨）	修船（艘／综合吨）	利润总额
1980	1119.55	923.73	8/3984	20/29.89	84.8
1981	902.41	884.07	8/4255.7	28/112.48	70.1
1982	486.60	428.50	3/882.3	21/130.56	9.45
1983	510.65	526.52	7/834.7	19/56.57	19.3
1984	801.65	607.17	8/3226.1	31/123.41	1.02

　　1983 年至 1996 年的 13 余年间，厦门造船厂生产的船舶百分之六七十是出口产品。

　　就在企业起死复生并开始欣欣向荣之时，厦门市城市建设的步伐开始震动这家百年老厂的根基。1993 年前后，由于长期得不到投入，厦门造船厂的机器设备日渐老化，工厂只能修造 2000 吨级以下的船舶，远远不能适应新形式的发展需要。加上船市疲软，业务减少，最后随着厦禾路旧城改造项目的启动，造船厂的工业生产能力几乎丧失殆尽。此时厦门造船厂不得不开展多种经营。钢构生产和第三产业也由此兴起，1993 年 8 月 19 日，造船厂承建厦门市政府的"厦门特区标志"大型不锈钢标志牌工程完工交付，其不锈钢模型被精制后在富山展出，受到了社会各界的赞誉。这个标志牌自重 100 吨，高 24 米。当年，造船厂的非船产值达到 675.8 万元，其非船发展速度在全省船舶工业中名列榜首。同年 11 月 2 日，厦船首制的 1800 吨举力浮船坞顺利下水。该船以创历史纪录的建造质量、建造进度进行施工，船体检查合格率达 98%，电焊合格率也达到 98%。总长 82 米，型宽 24 米，最大沉深 9.4米，属于具有国际水平的特种船舶。

　　1996 年 7 月 22 日，厦门造船厂新厂区在海沧投资区的一个小渔村——排头破土动工了，从此这家百年老厂迎来了更新改造，重获生机的历史机遇。当天，厦门造船厂在海沧排头举行开工仪式，张崇弦厂长主持仪式，省船舶工业公司原董事长郑重、市政协主席蔡望怀、省船舶工业公司副总经理林奋、海沧管委会副主任邹品柱参加仪式，《厦门日报》作了题为《百年老厂向现代化迈进》的报道。

福建省经济委员会文件

1800吨举力浮船坞胜利下水

　　新厂筹建伊始，厦门造船厂明确了"兵分三路"的原则，一路抓新厂建设；一路整合老厂剩余生产能力做钢结构；一路抓三产公司，并且提前做好了企业整体搬迁到海沧后，组织、人员、经营和技术的各项准备工作，充分显示了一家百年老厂和军工厂所积淀的管理素质和从容应对变革的气质。为了抢时间、抓机遇，最大限度发挥易地改造中先行完工项目的效益，厦门造船厂在新厂船台初步完工、尚未形成整体配套生产能力之时，就着手与德国船东接触，商谈承接820标箱万吨级集装箱货船的建造业务。经过多次洽谈，达成了"只要企业能按提供给船东的工程计划，如期完成船台区域的建设，初步形成满足万吨船建造的生产能力，船东可以考虑把船交给船厂建造的意向"。随后，德国公司委托驻马尾造船厂的船东代表，每月考察新厂的建设情况。当年10月，德国索勒股份有限公司（Schoeller Holdings Ltd）船东考察在厦门造船厂海沧排头新厂址时，深深为厦船人勇于

拼搏和艰苦奋斗的精神所感动，表示可以考虑在工厂尚未具备完整的生产条件的情况下，将两艘820标箱集装箱货船交给厦门造船厂建造。厦门造船厂终于实现了造万吨船的梦想。

为了尽快形成万吨船的建造条件，船厂一方面抓紧抓好新厂工程的进度和配套，另一方面投资近200万元改造鼓浪屿工地，使之形成分段制作生产能力，为新厂建造万吨船输送分段，形成了"两岸三地"的特殊生产能力布局，即在鹭江两岸，由厦禾路、鼓浪屿、海沧三个工地分别承担不同的生产功能：厦禾路工地作为总部指挥和物资集散场所，鼓浪屿工地作为下料和中小组制作场所，然后将分段运到海沧新厂区合拢总组。经过不懈地努力，新厂3.5吨船台及相应配套设施相继建成，工程建设的高效率和员工的敬业精神赢得了以严厉苛刻著称的德国船东的信任。1997年5月30日，厦门造船厂与德国索勒公司签订的首（1+1）艘820标箱集装箱船建造合同生效。7月28日，首船在鼓浪屿工地开工，该船总长136.5米，型深11.2米，型宽22.5米，设计吃水7.6米，

厦门造船厂易地改造。在海沧的一片滩涂上建起了新厂，如今发展为厦门船舶重工股份有限公司

航速 18 节。10 月 27 日，船制在海沧排头新厂区
上船台。从新厂开始建设到万吨船上船台仅用了
一年零三个月时间，创造了中国船厂建设史上的
奇迹，被时任全国政协常委、中船总公司总经理的
王荣生誉为"石破天惊"的创举。820 标箱集装箱
船首船上船台，标志着厦门造船厂一举由千吨级
船舶生产能力的小厂跃升为能生产万吨级以上船
舶的中型现代化修造基地，掀开建造大吨位、高
附加值出口船舶历史的第一页。

　　1998 年 6 月 9 日，首艘德国 820 标箱集装箱船
"凯普·考德贝克"号顺利下水。该船的建设是厦
门有史以来首次按照国际标准造出的高水平、高

厦船为德国哥伦比亚航运公司建造的820标箱集装箱货船（凯普·考德贝克号）

3.5万吨级船台

我省首艘三万吨轮今日下水

厦门造船厂跻身我国先进造船企业行列

本报讯 （记者 卢天骄 通讯员 林聪鑫）今天，厦门造船厂建造的首艘3万吨多用途集装箱货轮"凯普·达比"号下水，该船将出口德国。这是我省建造的最大吨位（出口）船舶，标志着我省船舶制造技术上了一个新台阶。

该艘3万吨级货轮，船长192.9米，型宽27.8米，可装载1841个标箱，其自动化程度、科技含量高，具备自动导航、可一人全天候驾驶、航海全球的功能。

1996年厦门造船厂异地改造不久，即与德国签订了2万吨级轮船建造合同并相继交付使用。1999年6月，德国客商又与造船厂一次性签订8艘多用途集装箱船舶建造合同，今天下水的是合同中的首艘船舶。

据了解，经过4年多异地改造，厦门造船厂引进国际先进的造船设计软件，开展自主生产设计，提高造船的精度和速度，从改造前的只能建造3000吨级以下船舶，1999年的建造1万吨轮到现在的3万吨轮，厦门造船厂进一步的一个脚印，跻身我国先进造船企业行列。

下午，该厂承建的第2艘3万吨轮也将下水，第3艘轮船的分段制作也在进行中，预计到2003年，8艘船将全部交付使用。

技术含量的现代化万吨级出口货轮。

1999年12月，投资总额4.6亿元的厦门造船厂新厂区一期工程正式建成投产。新厂区拥有深水岸线1000米，东与厦门最具繁荣的海天码头隔海相距仅900米，共扼厦门港区，南与海沧大桥相距近1000米，船厂拥有按照现代造船模式建设的大跨度舾装车间、船体车间各一座，3.5万吨级（可兼容7万吨级）重力式纵向滑行船台一座，长度235M的舾装码头一座，同时配套了一批具有国际先进水平的设备，形成了年造3.5万吨级船舶三艘，年加工钢材3万多吨的生产能力。

2001年1月12日，厦门造船厂为德国哥伦比亚航运公司承造的首艘3万吨多用途集装箱货船顺利下水。6月24日，第二艘3万吨多用途集装箱货船"凯普·敦"号离开厦门首航日本富山。该船总长192.9米，载重3万吨，设计装载1842个TEU（标箱）。船体为双层底、双壳体结构，拥有5个货舱，能装载集装箱、普通货物、超大型重物和危险品货物，具备自动导航、无人机舱、一人驾驶等功能，航速可达19节，达到20世纪90年代国际先进水平。10月27日，第三艘3万吨多用途集装箱货船"凯普·达比"号船完工，交付德国船东。该船首航韩国，挂马绍尔群岛旗，船长192米，吃水11米，载重量为1841标箱，具备全球卫星导航系统，无限航区，可抗12级风浪，其主要参数已达到国际先进水平。

12月16日，厦门造船厂首次出现一天三个重要生产节点的繁忙景象：第四艘3万吨多用途集装箱货船下水，第五艘3万吨多

30000吨多用途集装箱货船

用途集装货箱上船台，第六艘3万吨多用途集装箱货船点火开工，这标志着厦门船厂已经实现了由传统造船模式向现代造船模式的转变。传统的造船模式是按照船、机、电系统分开设计，而现代造船模式则是按设计、工艺、管理一体化、按区域分段设计。造船模式的转变使厦船重工的造船质量、成本和进度更加易于控制，而产量则获得了大幅提高，当年工业总产值同比增长超过166%，名列当年厦门市重点工业企业中的前茅。而在福建省船舶行业2001年度的质量行检中，厦门造船厂的船舶焊接、船舶管理、焊接拍片分获第一名。

厦门船舶重工股份有限公司

厦门造船厂虽然实现了生产能力从千吨向 3 万吨发展的历史性跨越,但由于船市低迷,船价低且付款条件极差,有的船交船前只付 15%,还有近 85% 的生产资金要向银行贷款。同时,新厂建设的资金也入不敷出,企业陷入极大的资金困境。为了摆脱困境,福建省船舶工业集团公司决定对厦门造船厂进行股份制改制。厦门造船厂实施改制,一方面是国有老企业通过体制创新,建立规范的现代企业制度的需要;另一方面是通过强强联合,吸纳资金,解决现实问题,促进进一步发展的需要。在省集团公司的统一领导下,改制筹备工作逐步展开,2001 年 2 月 12 日,厦门造船厂改制项目组成立,省集团公司总经理助理赵琥任组长,船厂总经济师汪锦星任副组长,厂办郑新建任联络员,还聘请了中介机构及金融、证券、财务、法律专家参加项目组。经过一年多与闽东电力、厦门建发、重庆重钢、厦门明舜等四家公司共同进行调查研究,反复论证,反复协调,于 2002 年 2 月 6 日达成了以发起设立方式组建厦门船舶重工股份有限公司的协议。3 月 5 日,福建省政府召开专题会议,原则同意了改制重组总体方案;3 月 23 日,厦门造船厂十六届三次职代会召开,会上表决通过了企业改制方案;3 月 28 日,厦门船舶重工股份有限公司由福建省政府批准创立,注册资本 2.5 亿元。厦船重工是福建省船舶工

厦门造船史再树丰碑

"厦船重工"承造 4 艘 5.2 万吨级货船,是我省迄今为止承接的最大吨位船舶订单

本报讯(记者 涂孝宏)9 月 9 日上午,厦门船舶重工股份有限公司与挪威 LEMITEC ASA 公司在厦门国际会展中心签订了承接四艘 5.2 万吨级散货船订单,总造价 6 亿多元人民币。这是我省迄今为止承接的最大吨位船舶订单,也标志着厦门船舶重工股份有限公司首次打入北欧市场。

厦门船舶重工股份有限公司是今年 3 月 28 日成立的,由福建省船舶工业集团公司、福建闽东电力股份有限公司、厦门建发股份有限公司、重庆钢铁股份有限公司、厦门明舜有限公司共同开发起设立的。主营原厦门造船厂的造船业务。

该厂于 1996 年开始进行 3 年多的易地改造,期间为德国船东建造了 2 艘 1 万吨级货轮,实现了从建造千吨船到建造万吨船的历史性跨越,并形成了配套齐全的年造 3.5 万吨级船舶 3 艘(可兼容 7 万吨级船舶)的能力。完成易地改造后,企业又开始为德国船东建造 12 艘 3 万吨级集装箱货轮,今年企业通

过改制着手启动二期改造工程,改造后企业将形成年造 3.5-10 万吨级船舶 8.5 艘的生产能力,预计年产值达 31.35 亿元人民币(含修船 112 艘),从而成为我国东南沿海的大型船舶修造中心。此次承造 4 艘 5.2 万吨级散装货船订单,将推动二期改造工程的进行。

2002 年 9 月 11 日厦门造船史再树丰碑的报道

厦门船舶重工股份有限公司创立大会股东代表合影

业集团公司以厦门造船厂的主营资产出资，联合福建省闽东电力股份有限公司、厦门建发股份有限公司、重庆钢铁股份有限公司、厦门明舜贸易有限公司共同发起成立。同日，在厦门京闽中心酒店召开的创立大会上，5家股东企业参加了会议。会议通过了《公司章程》，厦船重工的组织结构完全按照现代企业制度要求，设立了股东会、监事会、董事会等监督决策机构，并在董事会下设了战略发展委员会、审计委员会、薪酬委员会，实现了人、财、事、物的独立运作。董事会和股东会严格按照章程的规定，科学、民主地行使企业决策职责；监事会按章程要求进行了有效的监督；经营班子也在董事会的授权范围内进行卓有成效的运作。会上选举产生了公司董事会成员和监事会成员，通过了相关决议。5月25日，厦门船舶重工股份有限公司正式挂牌成立。厦船重工的成立，对进一步壮大福建船舶工业，提高福建船舶工业在国内外船舶市场的竞争能力，构建东南沿海大型船舶修造中心具有重要作用。

造船业——
配套链条商机舞动

本报记者 凌孝宏

8日，记者参加了我省最大吨位船舶"厦门海号"53800吨双壳散货船下水仪式，那种巨轮徐徐下水的场面真是让人激动不已。在场的来宾无不被厦门船舶重工股份有限公司短短几年的巨大变化所折服。"厦船重工"作为我市机械行业的"龙头"已经揭布来了，然而其中给本地企业带来的商机，很多人还没有反应过来。

8日上午，4300辆汽车派装船点火开工。"厦船重工"将为本国船舶建造3艘，每艘造价为2.5亿元人民币，其中有1亿元的部件是国外购制的。由于本地不能提供，企业只好舍近求远，到江浙一带采购。这些部件很多是机械产品，机械行业是我市的支柱产业，完全有能力为船舶维保部分零部件。

随着船舶吃水量的增加，一些电子信息产品也应用到船舶制造。专家认为，厦门在电子产品上有优势，一些船用电子器件、开关、通讯和导航设备完全可以被国内企业配套生产。比如一些外购的控制板、配电盘，可由厦门ABB公司配套；船上的通讯系统、无线电产品可由厦华公司提供；自动化控制系统则可由厦华生产等等，在机械方面，可以将一些小零件为船舶维修提供配件。

我市有些生产性企业，由于市场或机制原因陷入不景气，需要进行整合重组，可以利用"厦船重工"的配套需要进行产业扩张，通过政策扶持，由"厦船重工"参与整合，从而转为船舶产品的生产企业。

专家分析，"厦船重工"走的是以船舶为主、而船舶产业链式发展之道。按照实现年产值30亿元的计划，则每年需要配套业直接提供给20亿元~30亿元的配套机电产品，而相关的配套厂生产的产品除了给"厦船重工配套外，还可以为本地、甚至国内外的船厂配套。因此，以"厦船重工"为"龙头"发展船舶配套产业，有利于我市工业做大做强。

随着世界船舶制造中心向中国转移，船舶配套中心也将随之而来。在这个过程中，船舶企业在哪里立足，主要看当地的政策和环境。厦门我市应当进行积极地论证，有专家建议可划出一块用地，建船舶工业园。

2004年4月10日厦门造船业的报道

2004年3月17日，厦船重工为德国哥伦比亚和瑞克麦斯航运公司批量建造系列船中的最后一艘，"瑞克麦斯·热那亚"号3万吨多用途集装箱重吊船驶离厦门码头首航香港。至此，厦船重工承造的8艘系列船全部完工交付。在系列船的建造过程中，厦船重工在技术创新和转换造船模式上有所突破，实现了作业空间分道和壳舾涂一体化，建立了计算机辅助设计系统，以及物资仓储信息管理、成本管理、技术中心管理、财务管理、生产经营管理等各方面的计算机系统和网络，并拥有了一批具有国际先进水平的起重、机电、管材钢材加工设备和能生产7万吨船舶的船台和码头设施。

4月8日，厦船公司为英国太平洋公司承造3艘53800吨的首艘"厦门海"号船完工下水。这艘船为单桨柴油机驱动远散货船，货舱的设计能满足国际环保及安全要求的双壳型结构，总长190米，型深17.2米，型宽32.26米，垂线间长182米，结构吃水12.49米，载重量5.38万吨，航速14.7节，续航能力18000海里，是当时福建省所造吨位最大的船舶，入英国LR船级社。该船比合同期提前20天交付船东，开创了首制船按期交船的纪录，是厦船重工新厂建造万吨船以后，建造周期最短、生产

正在出航的"厦门海"号

2002年的厦船重工全景

效益最好的建造产品。同日,厦船重工还举行了第一艘4300TCPC中型汽车滚装船的开工仪式。该产品具有无人操纵机舱且单人驾驶的特点,是自动化等级高、可操作性能好、高航速、经济性好的优良船型。该船在建造时还创造了当时的三个第一:一是当时国内建造过的同类产品中主尺度最大的船舶,二是使用的主机是世界上第一台M & W9S50主机,三是继江南造船厂后近10年来国内首家建造该类型船舶的船厂。为保证汽车运输船的建造质量和建造周期,厦船重工于12月8日将焊工培训工作与国际接轨,要求所有船舶电焊工(含外包工程队)都必须参加中国船级社(CCS)的焊工国际认证,对不合格的焊工,一律不得在新船上作业。并开始分4批对185名船舶电焊工,按照中国船级社船舶焊工考试规范进行基本知识和实践技能的考核,结果有154名焊工取得合格证书,合格率达83%。据中国船报社厦门分社的评价,本次考试是该社历史上在厦门地区考试人数最多、规模最大的一次。

2005年6月25日,厦船重工为英国ZODIAC航运公司首次研制建造的,实际可装载4943辆小汽车的汽车运输船"早晨的奇迹"号顺利下水。该船总长190多米,高30米,总吨位50000吨。船型以技术含量高、附加值高、建造难度大等特点著称,自1986年江南造船厂造过两艘之后,近20年里一直没有其他船厂问津。2003年3月,厦船重工与英国泽迪亚克航运公司签订的6艘(2+2+2)4300车位汽车运输船建造合同正式生效后,公司上下以破釜沉舟、团结一心的气势开始了汽车滚装船的建造工程。首制船在建造过程中,技术研制难度之大,建造过程之复杂,作业之艰辛

厦船重工为英国ZODIA航运公司首次研制建造的,实际可装载4943辆小汽车的汽车运输船"早晨的奇迹"号顺利下水

都是难于想象的，许多技术工艺项目还开创了中国船舶建造史上的先河。厦船重工充分发挥员工的聪明才智，依托国内先进造船企业的经验，加强产学研合作，科学组织，不畏艰难，顽强拼搏，接连攻克了船体建造精度控制、边艉门制作、通风管设置、涂装工程的安全作业、大型分段超重翻身、超难度下水等技术难关，其中许多技术工艺项目还开创了中国船舶建造史上的先河。首制船船台周期只用了194天，其技术完成量达到了75%左右，并创造出了船底最尖瘦、内部结构最复杂、建造难题最多、下水技术难度最大、首制船建造速度最快的5项船台纪录，被日本专家誉为中国船舶界的奇迹。这艘船建造的成功，吸引了包括中央电视台在内的17家新闻媒体同时报道了这一消息，牵动了中国造船界和世界造船界的目光，标志着厦船重工已掌握同类型船舶建造的关键尖端技术，预示着福建省船舶制造业的整体水平跃上了一个新的台阶。由于在该船型建造领域所取得的领先地位，厦门市政府已把厦船重工定位为"打造国内最大的汽车滚装船建造基地"。

1991年到2005年，厦门船舶工业实现了大发展、大提速，从1991—2005年厦门造船厂生产完成情况表和造船情况表中就可以一见端倪。

表5-5 1991—2005年厦门造船厂生产完成情况表

时间	完成工业总产值（万元）	完成工业商品产值（万元）	上缴税收（万元）	实现利润（万元）	出口创汇（万元）
1991年	2324.20	1521.41	4.66	68.06	330.18
1992年	5489.30	2334.80	3.30	223.65	1605.20
1993年	7913.30	5606.00	10.60	107.97	3988.50
1994年	2359.40	2433.60	20.72	−402.26	751.00
1995年	3037.04	2934.35	8.63	−126.23	113.00
1996年	5275.36	2962.09	29.00	6.73	0.00
1997年	8078.30	2537.50	2.08	80.10	5406.70
1998年	25071.80	780.80	13.79	261.96	18904.50
1999年	13072.30	30945.41	108.55	150.11	8399.00

续表

时间	完成工业总产值（万元）	完成工业商品产值（万元）	上缴税收（万元）	实现利润（万元）	出口创汇（万元）
2000 年	20670.00	10787.00	102.21	201.00	1390.00
2001 年	40104.00	19700.00	227.78	262.00	2313.00
2002 年	61288.00	58876.00	216.44	388.00	7113.00
2003 年	61679.00	62473.00	215.59	461.00	7548.00
2004 年	65009.00	51418.00		354.00	6189.00
2005 年	70003.00	48102.00		618.00	5669.00

注：出口创汇折算为人民币。

表5-6 1991—2005年厦门造船厂造船情况表

产品名称	设计单位（艘）	船东单位	开工时间（年）	完工时间（年）	性能与特点	吨位或功率	建造部门
628KW 拖轮	4	香港	1995	1996	双机双桨	628KW	造船分厂
500 吨沿海货船	8	连江东山特区船务等	1988	1989	散货单机	500T	造船分厂
940KW 拖船	2	广东	大概1990	1991	双机双桨	940KW	修船分厂
1500T 甲板驳	1	省渔轮厂转造	1992	1993			第三工地
40 客位交通艇	2	湄州湾	1988以前				古工地
20 客位交通艇	2	湄州湾	1988以前				古工地
100 客位交通艇	1	湄州湾	1993	1994			厦门工地
各类型趸船	数艘	香港福州等	1992	1994			两个工地都造
1000 吨成品油船	1	新加坡	1991	1992			古工地

续表

产品名称	设计单位（艘）	船东单位	开工时间（年）	完工时间（年）	性能与特点	吨位或功率	建造部门
1800吨举力浮船坞	1	新加坡	1993	1994			第三工地
917捞雷艇	1	海军南海舰队	1991	1992			古工地
855拖船	12	香港	1988	1992		855HP	两个分厂都造
水船改装	2	香港	1990	1991		约3000T	造船分厂
820TEU船		德国哥伦比亚公司	1997.7	1999.4		10500T	排头
820TEU船		德国哥伦比亚公司	1998.1	2000.1		10500T	排头
1678TEU船		德国哥伦比亚公司	1999.12	2001.1		30000T	排头
1678TEU船		德国哥伦比亚公司	2000.11	2002.3			排头
1678TEU船		德国哥伦比亚公司	2001.3	2002.6			排头
1880重吊船		德国瑞克麦斯公司	2001.8	2002.12			排头
1880重吊船		德国瑞克麦斯公司	2001.12	2003.4			排头
1880重吊船		德国瑞克麦斯公司	2002.5	2003.7			排头
1880重吊船		德国瑞克麦斯公司	2002.9	2003.11			排头
1880重吊船		德国瑞克麦斯公司	2003.1	2004.3			排头
53800吨集装箱船		英国太平洋航运公司	2003.6	2004.9		53800T	排头
53800吨集装箱船		英国太平洋航运公司	2003.11	2005.1		53800T	排头
53800吨集装箱船		英国太平洋航运公司	2004.2	2005.4		53800T	排头
4900卡汽车滚装船		英国泽迪雅克公司				4600	排头

2600标箱集装箱船

2007 年 10 月 20 日，厦船重工新建的 8 万吨船台基本落成。该船台是厦船重工二期规划建设的关键性项目，船台长 245 米，宽 40 米，配套了 300 吨龙门吊等各种起重设备，是建造 8 万吨级以下汽车滚装船、集装箱船、散货船等类型船舶的基本硬件设施。船台建成后，有望实现 1 年连续制造 8 艘汽车滚装运输船，这是厦船重工已经跃升世界级船舶制造技术先进行列的标志。而厦船重工为德国劳特雍.桑序谱公司建造的首艘 2600 标箱集装箱船将在新船台上搭架建造，又标志着厦船重工从此进入了双船台生产规模的崭新时代。

2008 年 1 月 25 日，公司为德国劳特雍公司承造的首艘 2600 标箱集装箱船在新建成的 8 万吨船台上胜利下水。该船总长 211.85 米，型宽 29.8 米，型深 16.7 米，最大载重量为 34418

【95】

吨,设有艏楼、艉楼、球艉、球鼻艏、双层底及双壳体结构,5 个设有吊离式主甲板舱口盖的货舱,配备了 3 台克令吊。可载 1 ~ 8 类危险品的集装箱及冷藏集装箱,配置单主机、单桨、艏侧推、半平衡悬挂舵等。该船配备主机功率达 21560 千瓦,航速高达 22 节。该船的成功下水实现了厦船重工两项历史新跨越:一是宣告厦船重工二期规划建设建成投产,自此形成了"两船台两码头"的两条造船生产线布局;二是"2600 标箱集装箱船"新船型的研制,创造了企业乃至福建省建造船舶总长最长、集装箱装载量最多的历史新纪录。

目前,厦船重工正以"打造国内领先的 PCTC 船专业制造商"为目标,全力推进"做专做强、总装造船、精细管理、人才强企、资本扩张"五大战略。为了实现这一目标,企业正在投建 8 万吨级干船坞一座,计划在 2010 年投产。展望投产后的厦船重工,将形成"一坞、二船台、三码头"的生产布局,形成年产船舶 60 万~ 80 万吨,产值 50 亿~ 60 亿元的生产规模,成为集船舶制造业、船舶修理业、船舶配套业等为一体的"机制先进、管理科学、效益明显,人文和谐"的现代化船舶修造企业集团。

厦船重工的崛起,带动了整个闽南金三角地区船舶制造关联产业的发展。目前龙海、漳浦等多家配件制造厂家已先后加盟厦船重工的分工,成为其上游企业,一条从零配件供应、主体制造到市场营销的大型船舶制造产业链,正在海峡西岸的厦门港悄然形成。

美国前总统尼克松访问厦门时,专程到美商独资"天国游艇"公司参观

厦门游艇制造业

在蓬勃发展的厦门船舶制造业中，游艇制造业可谓后起之秀。

游艇业被称为"漂浮在黄金水道上的巨大商机"，也有人把它比作"水上房地产"。20世纪90年代，台湾游艇企业开始纷纷从台湾岛内外迁时，厦门就成为诸多企业投资大陆的首选之地。

经过20多年的发展，厦门从1980年初的单家美资企业"天国游艇"，变成了目前台资、合资、本地民营十几家企业共舞的局面。目前厦门已经拥有一批产能大、品牌知名度高、外向度高的游艇制造企业及配套工厂和经销商，以唐荣游艇（台资）、瀚盛（民营）、红龙（合资）和飞鹏（台资）为龙头的游艇制造集群粗具规模。其中唐荣游艇均为40英尺以上的大型豪华游艇；瀚盛、红龙以帆船游艇为主，均拥有自主品牌（奇虎、红龙）；飞鹏目前在厦门出口的游艇较简单，为充气艇。此外，宇达（独资）、莱利雅救生用品（合资）也生产小型船只。

1980年初，美商独资"天国游艇"成为最早进入厦门游艇行业的企业，主要是承接帆船类的小型游艇项目。当年9月，美国前总统尼克松访问厦门时曾专程到这家公司参观。

1983年9月21日，由厦门水产造船厂制造的第一艘玻璃钢游艇在这个厂的专用船坞正式下水。这艘长14.6米，宽4.15米，高1.38米，装有两支铝合金三角帆桅杆（主桅高20米，副桅高10米），安装一台65匹马力柴油机的玻璃

第一艘抵达美国的玻璃钢游艇

第一艘玻璃钢游艇首航顺利

八日抵达香港，不日将开往美国

本报讯 厦门建设发展公司、厦门水产造船厂与美商香港西来雷游艇有限公司合作生产的首艘玻璃钢游艇，本月五日驶离厦门，途经东山、汕头，于八日顺利抵达香港，不日即将开往美国。

这艘游艇首航顺利，与厦门口岸各有关部门的通力协作分不开。厦门口岸从来没有办过中外合作生产的游艇的出港业务。面对对外开放、兴办特区新形势下出现的这一新课题，由厦门港务管理局港务监督室牵头，会同厦门海关、厦门边防检查站、厦门卫生检疫所等有关单位，多次开会商讨、统一认识，协调工作。大家认真负责、主动配合，不怕麻烦、分头抓紧完成这项首航任务。

在工作过程中，他们急客商之所急，尽量简化手续，予以方便。按原本的规定，办理有关手续相当繁琐，他们根据"特区特办"、"新事新办"的精神，在不违背原则的前提下，予以通融和简化，该游艇启航前，他们采用联检的办法，只花一个多小时就放行。 （建发）

《厦门日报》对第一艘玻璃钢游艇的报道

钢游艇,是厦门水产造船厂和美商香港西来雪游艇有限公司合作生产的。这种以风力为主动力,时速 8 至 10 海里的游艇,自重 14.5 吨,共有 3 间寝室 7 个铺位,两个卫生间,中舱寝室兼作会客室和餐厅,并有两个备有制冷设备的冰箱和专用煤气炉灶,是专供家庭使用的高级游艇。

为了完成厦门第一艘玻璃钢游艇的制造,厦门水产造船厂和西来雪公司的技术人员、生产人员用了一年多的时间,先后制成生产玻璃钢游艇所必需的船体、甲板、卫生间、油舱、水舱、冰箱等 47 套生产模具。特别是采用上、下、左、右四块组合模具的新工艺,不但解决了外国技术员许久不能解决的难题,并且将国外 20 天才能完成的任务,缩短到了 7 天就可以完成。

10 月 5 日，厦门出产的第一艘玻璃钢游艇驶离厦门，经东山、汕头、香港，最终顺利抵达美国。首航的顺利，标志着厦门制造玻璃钢游艇的产业拉开了序幕。

1984 年，厦门玻璃钢游艇厂成立。全厂设厂长、副厂长、会计和出纳 5 名管理人员，共有 100 多名职工。随后，陆续有一两家企业也进入到游艇制造市场。当时的游艇制造企业多是按照国外的设计，OEM 海外品牌出口到欧美各地。

2000 年后，厦门的游艇制造企业由原来的两三家一下增到十几家，台资、合资、本地民营竞相角逐。其中厦门玻璃钢游艇厂于 2002 年 9 月整体改制，变更成立厦门瀚盛游艇有限公司，主营玻璃钢游艇、赛艇及汽车配件。这家公司是目前中国帆船游艇及赛艇的最大生产商，承接有美国著名豪华帆船游艇品牌"Stevens Custom yachts"、"Passport yachts"、"Outbound yachts" 的 O.E.M 生产，并拥有飞虎系列帆船、驰骋系列豪华游艇及纵横系列休闲帆船等自主品牌产品。公司生产的 FT10M 帆船，以其自身的优越性成为 2006 年、2007 年国内唯一大帆船竞赛的指定用船，并成为世界顶级赛事美洲杯参赛队"中国之队"的训练用船。2006 年 4 月，瀚盛游艇公司搬至海沧排头新厂，厂区占地面积近 4 万平方米，配备有游艇下水专用码头，自动升降下水码头。船艇生产制造厂房建筑面积共 11696 平方米，其中主车间建筑面积为 9680 平方米，高度 18 米，可以满足十艘 26 米以上的船艇同时生产以及多艘船只下水的需要。

而自 2005 年以来，厦门市相继启动的海沧排头、五缘湾、香山、翔安、东坑湾等游艇制造、游艇会所等建设项目，吸引了五缘湾帆船港、香山游艇会、顽石航海俱乐部、五缘湾帆船俱乐部、飞鹏航海俱乐部，以及游艇产业配套的欣翔航运电子、均和兴、圣海龙、东发兴等 8 家动力电子配套经销商游艇制造企业、配套贸易商和游艇会所相继落户厦门。此外，制造豪华大型游艇的台资哈德森游艇，生产游艇及艇上设备水鑫游艇，生产、维修、改造游艇鑫得胜游艇及艺利游艇、博思游艇都在着手投资厦门的工作，厦门已形成从游艇制造到海上运动的完整产业链条。与此同时，游艇产业的出口产值也从 2000 年前的一年几百万美元提高到了每年千万美元。仅 2007 年，规模较大的 10 家游艇制造企业的产值就超过 2.5 亿元，出口值达 2423 万美元，占全国游艇出口总量的 27%。作为海峡西岸游艇产业的龙头，厦门游艇产业在国内的地位日益凸显，而厦门周边的泉州、漳州等地也聚集了一批游艇制造和出口以及配套企业，整个地区的游艇产业链已日渐成熟。

人物小传

刘德浦

刘德浦（1896—1979），字志南，福建建瓯人。长期在海军任职。

1945年8月15日，日本无条件投降。9月，被调任厦门要港少将司令，并奉命代表中国政府接受驻厦日军投降。刘德浦令日本驻厦门司令官、海军中将原田清一限期将炮台、炮艇、自杀艇、电台、机场、造船厂移交，让中国政府接收。

刘德浦顺利完成厦门受降工作，被日本劫夺的海军厦门造船所回到中国人手中。

韩玉衡

1945年，蒋介石免除陈绍宽海军总司令职，由桂永清继任，刘德浦也离职。1946年，国民革命军中央委员会授予刘德浦海军中将军衔。

新中国成立后，刘德浦历任海军海道测量局技术顾问，海军司令部海道测量部工程师、高级工程师。

1979年3月因病逝世，终年83岁。

韩玉衡

韩玉衡（1883—1967），福建闽侯人。

1907年（光绪三十三年夏）毕业于马尾船政后学堂，长期在海军任职。

1930 年 2 月 24 日调任海军部舰政司机务科上校科长，7 月 12 日升任厦门造船所少将所长。1933 年 2 月 21 日调任马尾造船所少将所长。任职厦门造船所期间，建树殊多。

1941 年 5 月调任海军总司令部高级参议。

1947 年 8 月晋升海军轮机少将，退役。

新中国成立后，1950 年 11 月任解放军海军司令部研究委员会委员。

陈文麟

陈文麟，厦门人，小时候在鼓浪屿福民小学念书，毕业后升入鼓浪屿英华中学肄业。曾在丹麦人办的大北电报局任职。未几，辞职到德国陆军学校学习。一度回国应聘，任厦门中华学校学生军总指挥，旋再次赴德国航空学校深造。

1929 年初，陈文麟受命以厦门海军防空处筹备员身份赴英国购买飞机，成交 4 架，分别命名厦门号、江鹇号、江鹢号、江鹏号。3 月 13 日，偕同丹麦籍约翰逊驾"厦门号"飞机从英国出发，途经欧亚十多个国家，于 5 月 12 日安全抵达厦门，全程 15680 公里，成为我国第一位驾机完成国际长途飞行的人。

其后，陈文麟获任海军厦门航空处上校处长兼飞行教练官。

厦门沦陷前夕，陈文麟撤退到大后方。日本投降后，受命为海军厦门造船所所长。1949 年初退役后赴香港定居。

陈文麟

汪三九

汪三九（1896—1988），惠安县洛阳乡西方村人。

十二岁起开始学造船工艺，聪敏好学，刻苦钻研，几年后就成为名闻泉州湾和厦门港的"造船小五虎将"之

汪三九

一。曾参与横跨太平洋抵达美国的木质非机动船"厦门号"的建造。1940年，在鼓浪屿升旗山脚（现皓月园）创立汪三九船厂，主要修造各国领事馆的船只和江浙一带的"乌艚"货船。鼓浪屿荷兰领事馆曾把该厂制造的渡船运回荷兰展览。1941年12月太平洋战争爆发，日军占领鼓浪屿，在升旗山脚的船厂被迫迁往厦门港沙坡尾一带继续经营。

厦门解放初，汪三九应中国人民解放军第十兵团后勤部召集，亲自带领船厂员工前往漳州江东桥建造准备攻打金门的作战船只，其精湛技术受到部队首长的高度评价。集美陈嘉庚先生所拥有的船只，全部由汪三九造船厂建造和维修，嘉庚先生曾二次亲临汪三九造船厂，并特别指示集友银行对汪三九船厂的信贷手续从简。

1955年11月，汪三九造船厂作为厦门私营船厂唯一受政府赎买者并入国营厦门修造船厂。汪三九也在59岁时成为国营船厂的员工，一直到1978年，以82周岁的高龄退休。1988年12月24日，汪三九辞世，享年92岁。

陈广胜

陈广胜

陈广胜，他是厦门造船厂资历和年纪最老、至今仍健在的厂级领导。1951年5月，他接受中国人民解放军厦门军事管制委员会委派，到"海军103厂"（厦门造船厂的前身）担任厂长。到任后，他着手建立了材料、工务、总务、财务四科室，带领全厂职工军修50～100吨位的多种类型小舰艇。"文革"期间，陈广胜依然坐阵主持生产大计，最大限度地降低动乱产生的损失。改革开放后，陈厂长担任副厂长和党委书记。

庄永辉

庄永辉，福建惠安县人。

1959 年，庄永辉出任厦门造船厂二轮机车间工会主席；1960 年 2 月任厦门造船厂机钳车间支部书记；1960 年 3 月任厂工会主席；1964 年 4 月任厂党委副书记；1979 年 11 月任厂长；1983 年 5 月任福建省船舶工业集团公司常务董事。在担任厂级党政领导期间，庄永辉不仅为企业实现船舶建造由木质向钢质的转变，还圆满完成上级交给的军用、民用各类型船舶修造的各项任务。1988 年 11 月退休。

张崇玹

张崇玹，工程师，高级经济师，中共党员。1962年 10 月毕业于北京航空学院发动机设计专业。1976年 12 月进入厦门造船厂，先后任供应科科员、副科长、副厂长、党委书记、代理厂长、厂长兼党委书记。

张崇玹在造船厂党政第一把手位子上，带领职工不断开发千吨级油船等出口船舶，使船厂经济和业务实力不断增长。进入 20 世纪 90 年代，船厂遭遇了国内外船市下滑的困境，他审时度势，率班子成员及时调整经营策略，通过开展钢构生产、铸锻件加工、三产产业等多向经营，弥补了船业的不足。他抓住厦门老城区改造，船厂面临异地搬迁扩建新厂的良机，带领全体职工以"立足市场，用足政策；维持生产，加紧易改；突破常规，多边进行"的方针，走一条"边规划、边筹资、边拆迁、边建设、边形成局部生产能力、边出效益"的易改之路，为企业成功搬迁海沧新区，实现建造船舶从千吨级向万吨级的历史跨越奠定了坚实的基础。

庄永辉

张崇玹

林天栋

林天栋

林天栋，1951 年 9 月参加工作，1966 年 6 月加入中国共产党。

林天栋长期在国家第六机械工业部机关及其下属企业工作，1983 年调任刚成立的福建省船舶工业公司任物资部部长。1984 年 7 月至 1987 年 3 月任厦门造船厂厂长，1987 年 3 月任福建省船舶工业集团公司企业管理处处长，1991 年 9 月退休。在他任厂长的两年多时间里，顺应当时国家经济改革的形势，在企业内部推行一系列的变革措施，打破一些原有机制，进行内部机制转换，并协调好各方面的关系，使企业的生产发展在国家经济转型期得到很好的过渡。

游永华

游永华，1963 年 8 月毕业于大连海运学院船舶动力装置专业。1963 年至 1971 年任职上海海运局技术员期间，考取上海交通大学船舶动力研究生。1971 年 8 月至 1983 年 5 月调到厦门造船厂工作，先后担任技术员、副科长、科长、厂长，后又升任福建省船舶工业公司经理。1983 年 5 月任厦门经济贸易委员会副主任，1986 年 1 月至 1998 年 9 月任厦门市经济贸易委员会主任、党工委书记。

游永华作为一个从企业基层成长起来的管理干部，具有丰富的造船专业知识和企业管理经验，年富力强而又平易近人，工作兢兢业业。他任厂长时，正值我国从计划经济开始向市场经济转型的前夕，他较好地把握企业经营和发展的方向，促使企业在改革开放初期能稳步发展。

游永华

许志伟

许志伟，中共党员，工程师。

1972 年 12 月进入厦门造船厂工作。1974 年进入安徽合肥工业大学攻读，毕业回厂后，先后任技术员、车间副主任、副厂长、厂长、党委副书记。他具有丰富的船舶建造工艺技术和企业生产管理经验。1996 年 1 月接任厂长，肩负企业易地搬迁，新厂建造万吨巨船的重任时，带领职工边规划、边建设、边改造，以敢闯、敢干、敢冒风险的魄力，从新厂开工建设到首艘万吨船上船台仅用了一年零五个月的时间，创造了中国船舶建设史上的奇迹，被时任中船总经理王荣生誉为"石破天惊"的创举。他与班子成员一道，以开拓、创新的理念，通过转换造船模式建立起适应产品升级换代的现代生产流程和管理体系，成功实现了建造船舶从千吨级向万吨级、再向 3 万吨级升级的历史跨越，使企业成为具有相当规模的现代造船企业，成为厦门经济特区一个闪亮的经济增长点。

许志伟

黄注成

黄注成，高级政工师，中共党员。

1970 年 11 月进厦门造船厂工作。1983 年至 2002 年，先后担任厂团委副书记、车间党支部副书记、书记、厂党委副书记、书记、纪委书记、工会主席。2002 年 3 月企业改制后，任厦船重工监事会监事、党委书记、纪委书记、工会主席等职。不论厦门造船厂步入船市下滑的经济低谷，还是易地搬迁、升级换代的历史转折，黄注成都能实施卓有成效的工作手法，以

黄注成

企业的改革与发展为己任，引导、调动、带领全体党员、干部坚定信心，闯关克难，顽强拼搏，再造辉煌，确保企业实现建造船舶向 5 万吨级升级的历史跨越。企业改制后，他在创建具有厦船重工特色的企业文化建设的过程中，不断探索党建工作的新规律、新方法，创新思想政治工作的形式和内容，使企业成为"福建省企业文化建设示范单位"。

赵金杰

赵金杰，1988 年 7 月毕业于哈尔滨船舶工程学院。高级工程师，中共党员。

2006 年 2 月任厦门船舶重工公司总经理，后又被推举为公司董事长。在调任厦船重工总经理后，带领公司班子成员抓住船市兴旺的良好机遇，紧密围绕企业总体发展战略，大力优化汽车滚装船核心产品，推动精度造船技术，推进精细化管理，创新人才激励机制，加快项目规划建设，努力克服人民币升值、原材料上涨、劳动力成本增加等不利因素，促进企业各项经营指标的迅速攀升。

赵金杰

黄惠韬

黄惠韬，福建闽侯人。

1950 年进入厦门造船厂，担任技工、技术员等。他在 20 世纪 50 年代初负责支前修船工作，在前沿阵地敌机空袭的情况下，仅用钳、凿、鎯头等小工具拆卸即将沉没的船只，完成了任务。他创造的内燃机阻圈新工艺有较大的推广价值，1956 年被授予先进生产者称号，同年在全国先进生产者代表会议上被评为全国先进生产者。其事迹被列入《中华劳模大典》。

黄惠韬

庄永水

　　庄永水,1958年从支前单位调到厦门造船厂后,历任二船体车间党支部副书记、车间主任等职。在职期间,敢想敢干,大打造船翻身仗。1969年在船厂一无船台、二无加工设备、三无起重机械的情况下,庄永水勇敢地承接了建造100吨煤驳铁壳船的任务。为了实现船厂从建造木质船向铁壳船的历史转折,他大胆革新,土法上马,带领工人先后研制出土压床、土行车、吊杆、角铁弯曲机、移动式卷扬机等十多项造船关键设备。而且利用移山填海平整开发出300多平方米面积的场地,建设出能造千吨级船舶的下水船台设施,最终成功地实现了零的突破。由于他长期以来在企业所做出的突出贡献,20世纪70年代中后期,成为厦门市著名的先进人物,多次获得市级先进荣誉。1978年当选为福建省劳动模范。

庄永水

严建霖

　　严建霖,船厂老刨工,从1958年"大跃进"以来,季季被评为先进生产者,是全厂职工中的典范。在近十年的时间里,经他加工的零件有1.6万多件,件件都是优质,从未出过废品,是全市闻名的质量标兵。作为组长,他把小组的工作搞得有声有色,生产任务一再超额完成。20世纪60年代初,他领衔的机加工小组成为厦门市比学赶帮超的标兵。

　　严建霖是八级技工,对技术精益求精,车间里的刨铣磨插等类型机床他样样精通,属全能多面手。在生产上具有丰富的经验和独到的管理才能,创造了生产计划排细、排严、排密、排及时的三道防线管理方法,使生产从原来的一顶三跃升到一顶七。严建霖曾多次被评为厦门市先进生产工作者,表彰他在企业的突出贡献。

严建霖

邱观澜

邱观澜

邱观澜，1959年2月进厂轮机车间钳工工段当学徒，由于表现出色，先后被评为"优秀徒工"和"保煤保铁青年标兵"，并从技工被提拔为副组长、组长、制氧站站长、航修队队长、车间主任、设备部副主任、管加课课长。

邱观澜相继在车间的设备和工装改造、船舶的配电屏安装、6300柴油机、船上网机、汽车化油器等产品的制造与试验中取得显著的业绩和突破。20世纪80年代，邱观澜参与了工厂制氧设备的创建，带领职工攻关，使此项技改调试成功并顺利投产，为工厂供氧，由此被评为"厂社会主义建设一等功"个人。20世纪90年代，他参与人小船舶的航修等多个技术含量较高的工程项目，屡创佳绩，成效显著。在企业易地改造建造万吨船的过程中，他作为管工车间主任，通过科学高效的生产流程，定额工时制的管理手段，带领车间职工实现了生产工作的突飞猛进，确保了工厂820标箱集装箱万吨船成功造出，他所负责的单位全被评为"厂创业立功竞赛特等功"。个人于1998年获评，授予"福建省五一劳动奖章"，成为厦门造船厂历史上获此殊荣的第一人。

吴世明

吴世明

吴世明，现任厦门船舶重工股份有限公司外业课课长、副总工艺师。他在造船行业摸爬滚打几十年，从学徒、班组长、工段长、车间主任、技师、高级技师一步一个脚印逐渐成长。在参加工作的35年里，他参与了120多艘船舶的建造工作，其中万吨级以上的就有22艘。在

企业易地改造扩建新厂后，他带领车间全体员工先后向具有高附加值、高科技含量的 1～5 万吨德国集装箱船、英国散货船和汽车运输船等出口产品的船体建造发出冲击，取得了一项又一项的佳绩，许多创新项目走在国内同行的前列。2007 年，当选为厦门市 10 位有突出贡献的技师之一。2008 年当选福建省劳动模范。

吴海泉

吴海泉，现任厦船重工电装课党支部书记、电装课课长，先后取得高级技工、船电技师的资格认证。

2001 年 12 月被中国机械联合会授予"机械工业技术能手"，多次获省公司及厦船重工优秀党员、先进生产工作者，2002 年光荣地当选厦门市劳动模范。

吴海泉

刘海镇

刘海镇，自 1999 年 7 月从华侨大学毕业后，进入造船厂工作，历任质检部检验员、主任助理，质管部经理助理、副经理，造船管理部主任助理兼工程部副经理，质管部经理等职。

2008 年，他光荣地被授予厦门市"劳动模范"荣誉称号。

刘海镇

大事记

清 代

康熙三十九年（1700年）

泉州府在厦门水仙宫右至妈祖宫后，设军工战船厂。

雍正七年（1729年）

军工战船厂改归汀漳道，遂废。

乾隆元年（1736年）

六月，总督郝玉麟疏称，兴泉永道久经改驻厦门，亦为百货聚集之区，厦门原有军工战船厂可以修整。

乾隆二十九年（1764年）

大学士陈宏谋、托恩多奏定《洋行贸易章程》。据他们呈报，当厦门置

造战船需费甚巨时，各洋行自愿帮贴洋银七千圆，"情属急公，非官为科敛者比"。

乾隆六十年（1795年）

厦门战船厂改造同安梭商船式。

道光元年（1821年）

厦门战船厂承修兵船、商船 48 艘。

同年，厦门造商船首次直驶新加坡。

咸丰八年（1858年）

英商加斯创建"英商厦门船坞"（Amoy Dock Co.）。

咸丰九年（1859年）

厦门船坞公司正式营业，这是外商在福建建立的首家工厂。

同治四年（1865年）

厦门新成立白拉梅船坞，开始修造船舶业务。

同治六年（1867年）

厦门船坞公司在鼓浪屿内厝澳建第三座船坞（内泥坞）。

光绪十八年（1892年）

英商厦门船坞公司改组，更名为"英商厦门新船坞有限公司"（New Amoy Dock Co.Ltd），在香港注册。公司资本 6.75 万美元，其董事会由怡和等 5 个洋行派人组成，选出经理一人。

光绪十九年（1893年）

厦门洋行华人买办集资 3 万美元资本，在鼓浪屿设立厦门机器公司，挂英商招牌在香港注册。

民 国

民国元年（1912年）

厦门华侨叶清池等集资 20 万元，在帆礁（今第一码头附近）创办厦门船坞。

民国八年（1919年）

福建省督军兼省长李厚基和厦门道江宗砥，以"收回国家建设主权"为由，通过发行特种彩票和向英商汇丰银行借贷 50 万元，赎回厦门新船坞有限公司，改称福建厦门船坞。

民国十三年（1924年）

北洋政府的海军练习舰队司令杨树庄任漳厦海军警备司令，将厦门船坞移归国民政府海军部管辖，改称为"海军福建厦门船坞"，委派叶芳哲任总办。自此，该坞成为海军一个修造船舶基地。

民国十九年（1930年）

2 月 4 日，厦门船坞总办叶芳哲辞职，海军部派原舰政司机械科上校韩玉衡接任。

民国二十年（1931年）

厦门船坞正式改名为海军厦门造船所，总办改称所长，韩玉衡任所长。

民国二十二年（1933年）

韩玉衡调任福州造船所所长，遗缺由萨夷接任，监工为林家铖。

民国二十四年（1935年）

1月7日，第359期《厦大周刊》刊载《厦门船坞 Carvalho 君赠送无线电机》一文。

　　最近本校蒙厦门船坞 Mr.Victor Carvalho 赠送无线电机一架，当由本校专函道谢。查该机兼可收音播音，原系装在轮间，价贰千余元，现该机藏于化学院，稍有损坏，略加修理，即可使用云。兹将件数列后：

　　One Short Wave Transmitter and five Tubes
　　Three meters
　　Four Small Tranmitters
　　Two Fuses
　　One Set Aerial Wires
　　One IIydrometer
　　One Dynamometer

民国二十七年（1938年）

厦门沦陷，海军厦门造船所被日本武官府占为军用，改名为"建泰造船公司"。日本人寺谷三造任厂长兼总工程师。

民国三十四年（1945年）

南京国民政府海军部派陈文麟上校接管建泰造船公司，恢复原名"海军厦门造船所"，并任所长。造船所仍以修理停泊厦港海军舰艇为主。

民国三十七年（1948年）

2月3日下午，美国政府赠送中国政府大型浮船坞在厦门港（今客运码头）举行接收典礼。

民国三十八年（1949年）

2月，南京国民政府派陈伊任所长，奉命接收与造船所相邻的"中国银行"的4座仓库和一座码头。

4月，南京国民政府将海军青岛、大沽两个造船所的设备器材悉数迁往厦门，并把海军厦门造船所易名为厦门海军第三造船厂。厦门解放前夕，又把造船厂主要设备器材运往台湾。

中华人民共和国

1949年

1949年10月17日，厦门解放。厦门海军第三造船厂改名为人民海军厦门造船厂，隶属华东军区海军司令部。

1952年

中国人民解放军厦门基地筹备处成立，人民海军厦门造船厂与厦门要塞修械所合并，并定名海军103厂（即华东海军厦门基地造船厂）。属海军福建基地管辖，承担海军舰

主持接受浮坞的厦门巡防处处长、海军上校康肇祥致词

艇的修理。

1953年

厦门兴建海堤时，在厦港建立海堤造船厂，隶属海堤工程指挥部。

1955年

3月1日，海堤造船厂移交厦门市工业局管理，改名地方国营厦门造船厂。同年又转为厦门市人民委员会交通办公室管辖。

8月15日，厦门市工会联合会以"（批复）厦工（55）劳字第〇四五号"文，准予中国人民海军厦门造船厂从1955年8月1日起实行《中华人民共和国劳动保险条例》，并发给编号为"劳保002号"的劳动保险登记证一张。

1956年

3月，地方国营厦门造船厂划归厦门市工业局领导。之后，吸收汪三九船厂，改为地方国营厦门第一船舶修造厂。

8月，厦门市港务局船舶修造厂试制成功"活动样肋图尺"，该尺适用于渔船、木帆船和小型船艇等画制船"肋骨"。在修造一艘40副樟木"肋骨"的木质轮船时，可节约杉木毛板20平方公尺，同时又能提高工作效率百分之五十。

1957年

2月，福州军区第二修船厂移交厦门市人民委员会管理，改名为地方国营厦门第二船舶修造厂。

是年，福建航运管理局闽南分局修理场和福建省港务局厦门分局修造场先行合并。12月,厦门第一船舶修造厂和和厦门第二船舶修造厂也相继并入,组成厦门船舶修造厂，归厦门航管局领导。

1958年

8月，厦门海军103厂移交地方管理，厦门船舶修造厂同时并入，组成地方国营厦门造船厂，地址厦禾路，隶属厦门市机电工业局。新组建的厦门造船厂，职工已有900余人，工厂分厦门（厦禾与厦港）和鼓浪屿工地。

1960年

厦门水产机器修配厂与厦港公社造船厂合并，在沙坡尾船厂原址成立厦门水产机修造船厂。

1962年

厦门造船厂将福建省航管局闽南分局修理场和福建省港务局厦门分局修造场并入的人员和设备拨归厦门航营局。

1963年

3月26日，中共厦门造船厂第二届委员会组成，李达煜任党委书记。厦门水产机修造船厂和马銮造船厂合并，改名为厦门水产修造船厂。

1964—1965年

福建省社教工作队进驻厦门造船厂，开展"四清"运动。

1965年

7月16日，厦门造船厂新一届党委班子组成。李达煜任书记，庄永辉任副书记。

1966年

厦门水产修造厂归厦门市水产局领导，更名为厦门市水产造船厂。

1967年

因受"文化大革命"影响,厦门造船工业处于半停产状态,全年工业产值为 88.7 万元,为新中国成立以来的最低点。

1970年

由于机构变更,厦门造船厂划给厦门市交通局管理。

1971年

厦门市水产造船厂开始建造钢质船舶,承接制造国家重点项目的 2 艘 280千瓦灯光渔轮。

1972年

根据周总理发展灯诱围网渔船的指示,福建省灯光围网渔船建造办公室委托厦门造船厂建造 5 组灯光围网钢质渔船任务完成(其中网船 5 艘、灯船10 艘)。

下半年,厦门造船厂的造船任务通过福建省交通局(厅)开始纳入六机部年度生产计划,按国家计划管理,计划内物资与主要机电设备由国家统一分配供应,并成为六机部的生产归口厂。

1973年

厦门造船厂为中国人民解放军海军装备部承造 400 马力钢质武装双拖侦察渔轮 4 艘。这批渔轮分别于 1973 年和 1974 年竣工。

1974年

上游和厦门造船厂建成 50 吨钢质货船 25 艘,援助越南。

9 月,厦门市计委同意厦门造船厂在嵩屿选址扩建五万吨级修船坞。

1975年

厦门造船厂又为海军后勤部上海办事处承造二艘600马力钢质武装侦察渔轮，满载排水量366吨。

本年厦门造船厂开发了三项科技项目：一是研制了趸船与撑杆连接处的弧形橡胶垫防冲装置，其承载压力大，消震作用好，结构简单；二是铸工车间采用海砂代替石英砂，其耐火度等指标达到铸钢要求，价廉质高，大大节省铸钢成本；三是船体车间研制了L150型肋骨冷弯机，使肋骨成型效率提高两倍，而且大大降低其工作量和劳动强度。

1976年

3月，由造船厂副厂长孙茂贤等和厦门水产学院教师陈明义成立厦门造船厂"七·二一工人大学"（陈明义后任中共福建省委书记）。

厦门造船厂为福建省化工机械进出口公司建造50吨沿海钢质油轮6艘援助越南。

1977年

厦门造船厂与上海中华造船厂联合设计，并由厦门造船厂制造600马力钢质武装侦察渔轮竣工交船。该侦察渔轮的侦察设备先进，为国内首批新船型。

1978年

厦门市水产造船厂研制的机帆船灯围液压起网机获福建省科技成果奖。

12月，国家第六机械工业部确认厦门造船厂为六机部归口厂。随后，六机部向造船厂先后下达了079中型登陆舰、917捞雷艇、1000吨成品油轮、600马力武装侦察渔轮等军工产品。为配合产品建造，海军装备部和解放军总后勤部车船部先后在工厂设立了军代表室。此外还拨款建设了厦禾路工地舾装码头一座，鼓浪屿工地制氧车间一座。

"079"中型登陆舰首艘下水典礼

1979年

厦门水产造船厂派5名员工到日本学习玻璃钢船艇的制造。

9月22日,厦门造船厂在鼓浪屿工地举行"079"中型登陆舰首船下水典礼。

10月1日,厦门市交通局将交通机修厂划归厦门造船厂管辖,但其仍然是独立核算、自负盈亏的集体所有制企业。

同年冬季,厦门造船厂决定利用大同路116号原厦门交通机修厂沿街店面创办"厦门造船厂物资展销部",推销积压机电配套。此举开了厦门国营工业企业创办物资企业的先河。

1980年

5月4日,厦门市革委会决定,将厦门造船厂及所属交通机修厂由交通局转划为重工业局管辖。

1981年

8月,厦门水产造船厂与美商香港西来雪公司成立中外合作公司西来雪公司,主要生产豪华游艇。

1982年

3月,厦门水产造船厂研制的木质机帆灯光围网技术获国家农委、科委科技推广奖。

8月7日,福建省人民政府以发出《关于成立"福建省船舶工业公司"的通知》,将厦门造船厂、马尾造船厂等五家船厂划归为该公司的骨干企业。

是年,厦门造船厂再次为解放军海军装备部建成600马力钢质武装侦察渔轮2艘。

1983年

厦门造船厂划归福建省船舶工业公司管理,其造船计划仍归口中国船舶工业总公司和交通部。

9月,厦门水产造船厂与香港西来雪游艇公司合作生产的中国第一艘豪华游艇下水。

1984年

厦门西来雪游艇公司变更为外商独资企业。

1月16日,厦门造船厂制造出第一艘1000吨油轮"飞航一号"成功下水。

4月10日,船厂与厦门市旅游码头建设指挥部签订了"鹭江号"钢质游艇的建造合同。该船专供招待外宾和国内游客游览及交通之用,邓小平同志

第三产业——厦门船舶器材公司

巡视南方时乘过该艇。

4 月 16 日,厦门造船厂与江南造船厂签订《友好合作意向书》,确定共同开发船舶通讯导航仪器设备的修理业务,陆上空调、冷藏系统的设计安装和维修,陆上建筑内部装修工程。

6 月 30 日,厦门造船厂为海军装备部建造的 917 号捞雷艇下水。

7 月,厦门造船厂副厂长张崇玹与中华造船厂代表张希军签署了《厦门中厦机械船舶公司章程》,宣布由两厂联营的厦门中厦机械船舶公司诞生。该公司的主要任务是承接外轮修造业务。1987 年 10 月 20 日,该公司改由厦门造船厂独家经营。

8 月,厦门市政府批准厦门造船厂、厦门市经济协作服务公司等 7 家企业联合发起设立的"厦门经济特区拆船企业有限公司"。公司办公地点在厦门市担水巷、生产基地在海沧沃头村海边,占地 75150 平方米。1985 年 2 月,厦门经济特区拆船企业有限公司拆解 8746 轻吨"拉维"号散货船，7 月又拆解 26859 轻吨"阿雷吐莎"号矿油两用船，成为当时福建省三大拆船厂之一。该公司后改制为"厦门市船舶工业公司"，本企业股份遂退出。

9 月，厦门玻璃钢游艇厂成立，主要业务为福建省水上中心、国家体委水上运动中心合作研制帆板、帆船。

9 月 7 日，福建省船舶工业公司同意厦门造船厂"厦门船舶物资展销部"改为"福建省船舶工业公司厦门船舶器材公司"。

12 月 15 日，厦门市经济贸易委员会批复，同意厦门造船厂与上海船舶设计研究院联营"依达（厦门）工程顾问设计有限公司"。

1985年

美国前总统尼克松参观厦门玻璃钢游艇厂。

1 月 3 日至 6 日，美国太阳联公司董事长斯达夫先生一行三人，与厦门经济特区发展公司戴鸿鹏、省船舶工业公司经理游永华、厦门造船副长张崇玹等商谈合资开发、经营厦门船舶工业和大型结构件等问题，并签署了会议纪要。

1 月 18 日，福建省船舶工业公司同意厦门造船厂与天津新港船厂进行技术合作，在厦门组建航修队，开展厦门港区中外轮船航修业务。

3 月 13 日，厦门市机械工业局同意厦门造船厂成立"厦门造船厂综合服务部"，经营船舶器材、烟酒日杂等。

4 月 3 日和 4 日，厦门水产造船厂建造的 300 吨钢质货船"长发"号和"长安"号试航成功。此类货船具有航速快、货运量大的特点，适合中小型企业的海上交通运输。

4 月 29 日，厦门市经济贸易委员会批准同意厦门造船厂与沪东造船厂联合攻关成立"东海船舶机电工程公司"。该公司于 1987 年 12 月终止营业。

6 月，船厂与福州港务局签订建造两艘 150 吨机动驳船的合同。

6 月 29 日，厦门造船厂第十二届职工代表大会主席团作出《关于通过〈以利润承包为形式的经济责任制的实施方案〉的决议》。

7 月 13 日，厦门造船厂与九江船舶工业公司成立的"厦门江厦工贸有限公司"，第一次董事会召开。福建省船舶工业公司董事长郑重兼任董事长，九江船舶工业公司派出汤御根任副董事长兼总经理。

8 月 26 日，福建省船舶工业公司批复同意厦门造船厂成立"厦门船务开

发公司"，以安置厂里的富余劳力和开发第三产业，承包厂里的食堂、招待所、车队等。

9月3日，厦门经济特区建设发展公司和厦门造船厂（甲方）与美国太阳联公司（乙方）商定，以甲方的现有经营性资产和乙方的现金合作经营"厦门中美造船工业股份有限公司"，并签订《第二号协议书》。

10月28日，厦门造船厂与香港天山建筑有限公司签订了承包油罐工程合同。

1985年，厦门造船厂还在民族英雄林则徐诞辰200周年前夕，为福州市委赶制了一尊高5米、宽3米、重5吨以上的林则徐纪念铜像。这是当时我国铸造的最大铜像。

1986年

厦门造船厂创造了五个月竣工两艘470吨新船的纪录，完成省重点工程——厦门感光厂的"草原二号"非标设备工程。

1987年

林则徐纪念铜像

从第六届全运会起，厦门玻璃钢游艇厂的产品逐步取代进口产品，为各省队提供训练和比赛用帆船。在获得国际帆联的认可后，厦门玻璃钢游艇厂生产的A-390帆板成为第十一届亚运会指定比赛用板。

7月12日，解放军总后车船部委托厦门造船厂承造1000吨一级成品油船。该船由大连造船厂船研所实施设计，是国内首次研制的新型船型，自动化程度较高，达到20世纪80年代初国际先进水平。

1988年

3月3日，厦门市人民政府经济技术协作办公室同

1000 吨集装箱杂货两用驳

意由厦门造船厂、中国船舶工业总公司 725 研究所厦门试验站、厦门大学化学系等 6 家单位发起设立"厦门金属腐蚀与防护开发中心"。

3 月 23 日，厦门造船厂分为造船、修船和机械三个分厂，实行经营承包责任制。

4 月 12 日，厦门造船厂 1000 吨沿海成品油船和 30 客位游艇列入福建省 1988 年新产品开发第二批项目。

5 月 20 日，福建省经委确认厦门造船厂新开发的 1000 吨集装箱杂货两用驳船、470 吨沿海货船为省级新产品。

9 月 16 日，厦门市经济贸易委员会同意厦门造船厂经营进出口业务。同时，企业成立进出口部，由胡小明副厂长兼任主任。该部门后来另组建为"福建省船舶工业公司厦门进出口公司"，由福建省船舶工业公司副总经理丁行

任总经理，胡小明、林大华任副总经理。

10 月 24 日，厦门造船厂做出《职改工作小结》，总结了文革结束后首次评审职称的情况。本次评审通过 5 名高级工程师、34 名工程师、3 名经济师、3 名会计师、1 名统计师、1 名主治医师、38 名助理工程师、3 名助理经济师、3 名助理会计师、3 名助理统计师、2 名医师和一批员级职称人员。

1989年

11 月，受日本国际协力事业团的派遣，日本造船专家渡边和夫先生来厂指导工作。此后又派稻井先生来厂指导工作，直至 2003 年。

1989 年，厦门造船厂原办公楼被厦门市认定为危房。经批准，该厂于 1989 年底建成车层框架式结构新办公楼一幢，面积 3325 平方米。1990 年投入使用。

1990年

3 月 21 日，中国船舶工业总公司归口船厂协作会首次会议在广东省新会市召开，广东新会造船厂选为协作会理事长单位，厦门造船 199 厂和沙市造船厂被选为副理事单位。本协作会接受中船总公司和国家机电部地船办的指导，以保证完成中船总公司下达的生产计划、发展船舶工业为宗旨。

6 月 13 日，厦门造船厂发布《推行"TOC 工作计划"经济责任制考核办法》，首次实行全面质量管理。

7 月 25 日，厦门造船厂鼓浪屿工地电工班班长傅金德荣获厦门市劳动模范称号。

8 月 10 日，厦门造船厂第一批赴日研修生到福建省船舶工业公司专家办报到，进行为期两周的集中学习，8 月底离境赴日学习。这是该厂第一次成批派出境外研修人员。

10 月 24 日，中国船舶工业物资总公司闽赣公司地区仓库管理工作会议评选 491 厂仓库组、459 厂仓库组、441 厂仓库组和厦门造船厂仓库组等四个单位为先进集体。这是厦门造船厂在中船总（六机部）系统得到的唯一荣誉称号。

11 月，厦门造船厂为解放军总后勤部车船处建造的首艘 1000 吨一级成品油轮成功交付。该船采用先进的防爆技术，在我国属首次研制，并获福建

1000吨成品油驳下水仪式

省1991年度省优质产品奖。

1990年，厦门造船厂对供电系统增容改造，新增20吨门吊一台，80米舾船码头一座。

1991年

1月15日，福建省船舶工业公司聘任杨儒头同志为厦门造船厂副厂长，任期至1992年底。

12月20日，厦门造船厂《厦船月报》在原有的《厦船工人》基础上创办。

1992年

9月15日，厦门造船厂以"福厦船综字［92］061号文"向福建省船舶工业公司发出《关于新厂址及老厂房产开

发的报告》：预见厦禾路改造即将开始，要求批准工厂对厦禾工地、鼓浪屿工地进行房地产开发，要求与厦门市有关部门商谈明确新厂选址。

11月20日，厦门造船厂在厦门市影剧院隆重举行建厂134周年庆典。

同年，厦门造船厂第三造船工地于当年建设并投产，使年造船能力从一千吨提高到三千吨。

1993年

1月16日，福建省船舶工业公司续聘张崇玹同志为厦门造船厂厂长。2月27日，聘任许志伟、胡小明、林惠山、杨儒头等同志为副厂长。以上任期至1995年12月底止。

2月27日，厦门造船厂根据厦府［1993］综024号的文件通知，向省船舶工业公司报告并提出开发房地产和易地搬迁的建议。

3月31日，厦门造船厂与香港华旺国际有限公司签订建造两艘1000立方米开体泥驳的合同。

4月，中国船舶工业总公司第九设计研究院做出《厦门造船厂新厂选址咨询报告》。

4月20日，厦门造船厂厂长与龙海市海澄玉枕造船厂厂长王宝枝签署了《合资经营厦门造船厂玉枕分厂合同》，厦门造船厂玉枕分厂遂成立。

6月，为进一步贯彻《全民所有制工业企业转换经营机制条例》，厦门造船厂党群行政部门实行机构精简，按"精简、统一、效能"的原则，实行一人多职、一岗多责、一专多能。把原有党办、工会、团委、人事劳工、教育、保卫、武装、宣传、监察等部门合署办公，设政工人事部，分为人事组、劳工组、宣传教育组、监察保卫组四个工作口，人员从27人精简到16人。厂办从18人精简为12人，财务部10人精简为8人，减员率为35%。

8月30日，福建省经济委员会以"闽经技［1993］541号文"《关于厦门造船厂拆迁易地引进技术改造项目建议书的批复》，同意项目立项。

10月12日上午，厦门市市长洪永世和副市长叶天捷到厦门造船厂调研视察，了解到船厂当年有多艘船舶出口香港等地，净创汇500多万美元；以150万元投资建成了3000吨级的船台。由此对厦门造船厂的搬迁改造做了具体的指示，要求在排头新厂址要按国际20世纪90年代的水平进行规划，要放远考虑第三代、第四代集装箱船舶的修造要求。

10月20日，厦门海沧杏林台商投资区发出《关于厦门造船厂易地改造定点选址的批复》，同意选址意见书。

11月2日，厦门造船厂首制的1800吨举力浮船坞顺利下水。该船以创历史纪录的建造质量、建造进度进行施工，船体检查合格率达98%，电焊合格率也达到98%。总长82米，型宽24米，最大沉深9.4米，属于国际水平的特种船舶。

厦门造船厂第三产业发展迅速，厂党委看到发展三产的优势，在总结前几年试办船舶器材公司经验的基础上，又先后兴办了望海楼饭店、聚福阁酒家、海通船舶材料有限公司、鹭腾工贸有限公司、海陆工程有限公司、闽船钢结构有限公司等。据统计，造船厂第三产业共安置闲置人员200余人。

1994年

1月底，厦禾路厦门造船厂厂区拓宽部分开始施工。

5月9日，海沧杏林台商投资区管委会做出《关于厦门造船厂引进浮船坞技改项目可行性研究报告的批复》，同意厦门造船厂引进举力为2万吨的浮船坞一艘。

7月，厦门造船厂承接厦门太古飞机工程有限公司101机库大门工程，并成立以许志伟副厂长为组长的项目工程领导小组。

8月23日至27日，中国船舶工业管理协会于厦门市金榜路厦门造船厂下属金榜酒店召开全国会员大会。

9月20日，厦门造船厂船易地改造领导小组和新厂筹建处成立，郑吉石任组长，林奋任副组长兼筹建处主任。

12月，中船总第九设计院编制完成《厦门造船厂易地改造工程可行性研究》。

1995年

4月，厦门玻璃钢游艇厂收购厦门西来雪游艇有限公司，从此开始生产豪华游艇。

5月10日，福建省经贸委批复了《厦门造船厂易地改造工程可行性研究报告》，同意船厂按厦门市城建规划，搬迁海沧排头。改造后生产纲领定为：年修理3万吨载重量船舶118艘，年加工钢结构件8000吨。项目总投资16276万元，资金来源全由新老土地资产价差作为自筹资金投入。

　　7月5日，厦门市市长洪永世、政协主席蔡望怀、副市长刘成业等带领有关部门到厦门造船厂现场办公，研究解决该厂在易地改造中遇到的用地和资金等问题。这次会议落实了工作，彻底摆脱了省属企业的窘境，从此走上了建设的"快车道"。

　　1995年省船舶焊接质量行检，厦门造船厂仍获第一名。

　　1995年，厦门造船厂在异地改造、老厂生产能力受影响，修造船业务大幅度下降的情况下，加大非标工程的承接量，大胆承接太古飞机库钢结构件，包揽了厦门市和闽南地区的人行天桥建造，完成多种经营产值达2022万元，为年计划的269.7%，比增348.6%。

　　1990—1995年，厦门玻璃钢游艇厂在为渔政开发的FL-5030快艇基础上，先后开发了FL-6700、FL-6200、FL-7400、FL-4350、FL-5600等快艇和交通艇，成为当时公司的主要经济增长点。

1995年7月5日，洪永世市长等带领有关部门到厦门造船厂现场办公，研究解决造船厂易改中遇到的问题

1996年

　　厦门玻璃钢游艇厂出口第一艘Celestial 50豪华游艇。

　　1月2日，福建省船舶工业公司发布《关于许志伟等同志任职的通知》（〔96〕闽司人字第002号），聘任许志伟同志为厦门造船厂厂长，李建国、丰海平同志为副厂长，金俊洪同志为总工程师，汪锦星同志为总经济师。

　　3月20日，厦门造船厂与中华造船

厂合作经营的"中厦机械船舶公司"终止经营。

3月22日，厦门造船厂与香港百利得管理有限公司合资的厦门船务工程有限公司成立。随后，从香港联合船坞公司引进2万吨级太古号浮船坞一座。

6月19日，厦门造船厂发布《多种经营企业暂行管理办法》（福厦船综［96］040号），及时梳理了企业易地改造后造船主业与多种经营从业的关系、加强了对多种经营企业的控制。

7月22日，经过三年前期准备工作，厦门造船厂易地改造工程在海沧排头新址破土动工。厂区占地面积35.3万平方米，深水岸线长1000米，张崇玹厂长主持仪式，省船舶工业公司原董事长郑重、市政协主席蔡望怀等市、区领导参加仪式。厦门日报作了题为《百年老厂向现代化迈进》的报道。

8月，日本专家稻井先生在中船总第九设计院编制的《厦门造船厂易地改造工程可行性研究》基础上做了A、B、C、D、E五个修正案，E案为企业所接受。该案比九院的原案的设计生产能力提高一倍以上。该案重新报批后，最后成为厦门造船厂新厂的建设蓝图。

9月8日，马尾造船厂与厦门造船厂共同承接德国索勒股份有限公司6艘10500吨820标箱集装箱货船的建造合同在9·8福建投资贸易洽谈会上签订。

10月6日，德国索勒股份有限公司（Schoeller Holdings Ltd）船东考察厦门造船厂海沧排头新厂址，表示经过再次考察，可以考虑在工厂尚未具备完整的生产条件的情况下，将两艘820标箱集装箱货船交给厦门造船厂建造。

11月，"厦门造船厂玉枕分厂"更名为"龙海市玉枕造船有限公司"，厦门造船厂占控股地位。

12月16日，厦门市经发委批复厦门造船厂关于引进浮船坞的可行性研究报告。同意项目投资4533万元（含外汇445万美元），资金来源由老厂征地补偿金自筹2533万元，银行贷款2000万元。项目投产后，可新增修船产值7304万元，创汇500万美元。该项目投资纳入厦门市1996年技改投资计划。

1997年

厦门玻璃钢游艇厂与唐荣游艇合作，承接美国 Passport 游艇公司的 OEM 业务。

厦门造船厂对科室及后勤部门进行了定编、定岗、定员、定报酬的"四定"工作，并制订了《关于 1997—2000 年人才需求预测方案》，着手建立一支能适应万吨船建造的职工队伍，为新厂建设和发展做好准备。

1 月 8 日，江南造船厂陈金海厂长来厂指导工作。

4 月 2 日，副市长叶天捷等到厦门造船厂新厂建设工地现场调研。

4 月 8 日，德国斯哥勒股份有限公司（Schoeller Holdings Ltd）船东在省船舶工业公司谢作民的陪同下，再次考察厦门造船厂海沧排头新工地时感叹：你们的建设速度比德国造高速公路还快。

5 月 1 日，厦门造船厂"厦船一号"浮坞承修的 1.8 万吨"真宝石"号散货船竣工出坞，结束了厦门地区不能承修万吨轮的历史。

5 月 30 日，厦门造船厂与德国索勒公司签订的首艘 820 标箱集装箱船建造合同生效。从此，厦门造船厂走上了建造大吨位、高附加值出口船舶的康庄大道。

6 月 28 日，厦门造船厂制作的全省特大型户外广告牌——"一国两制，

统一中国"分别矗立于环岛路椰风寨和青屿岛，与近在咫尺的金门遥遥相对。

7月9日，厦门市第四届职工技术比赛电焊技赛场在厦门造船厂厦禾工地举办。该厂有四名职工进入前六名。

7月28日，首艘820标箱集装箱船在鼓浪屿工地开工，标志着厦门造船厂一个新的历史里程碑的开始。

10月27日，厦门造船厂首制万吨船在海沧排头新厂区上船台。该船从新厂建设到上船台只用一年零三个月时间，创造了中国船厂建设史上的奇迹。

11月，厦门造船厂海沧新厂区100吨龙门吊竣工通过验收。

11月14日，厦门造船厂整体搬迁海沧排头新厂办公。

1998年

台商独资厦门唐荣游艇工业有限公司成立，公司位于海沧投资区排头，专门从事玻璃钢动力游艇的制造。

1月16日，厦门市市长洪永世率台办主任孔长才、经委主任翁云雷到厦门造船厂海沧排头新厂考察，省船舶工业集团公司领导谢作民、林寿涛，船厂领导许志伟、黄注成等接待并汇报情况。洪市长在考察后对新厂的建设与生产情况表示满意，要求企业一要抓人才，二要抓市场，三要解放思想，引进外资，学习太古航空公司的经验。

厦门造船厂建造的第二艘德国820标箱集装箱船点火开工。

4月9日，福建省副省长黄小晶一行在省公司领导陪同下到厦门造船厂调研，省领导认为厦船易地改造是成功的。副省长黄小晶、市人大主任李秀记等领导出席下水典礼。

4月28日，福建省政府授予厦门造船船"五一"劳动奖状荣誉和厦门特区二次创业立功竞赛特等功集体荣誉。同时授予该厂管工车间主任邱观澜福建省"五一"劳动奖章荣誉。

王荣生题词"石破天惊"

　　6月5日，全国政协常委、原中船总公司总经理王荣生莅临厦船指导工作时题词"石破天惊"，祝厦船二次创业成功。

　　6月9日，厦门造船厂建造的首艘"凯普·考德贝克"号德国820标箱集装箱船隆重命名下水，从而结束了厦船乃至厦门地区只能造小船的历史。福建省副省长黄小晶、厦门市人大主任李秀记、政协主席蔡望怀、副市长刘成业等领导出席下水典礼。

　　10月10日，厦门市市长洪永世再次带领市政府有关部门领导，到厦船就企业发展的有关问题进行工作调研并现场办公。会议肯定造船厂通过易地改造，走出了一条好路子，评价"思路快、发展快、困难多、前景好"。会上分别就土地补偿金、新厂土地由划拨改为出让、供水邮电、引进人才的住房等问题进行议定。

原福建省省长贺国强（右二）莅厂视察

汤加国王（左一）到船厂考察

10月31日，厦门造船厂在鼓浪屿工地承办了厦门市第五届职工电焊技术比赛。该厂有七名选手喜获此项赛事的 1～3 名和 7～10 名。

11月30日，厦门造船厂舾装车间竣工验收。

1999年

2月21日，厦门造船厂建造的第二艘"凯普·克鲁斯"号德国820标箱集装箱船顺利下水。

3月29日，厦门造船厂建造的首艘"凯普·考德贝克"号德国820标箱集装箱船完工交付船东。

4月13日，福建省省长贺国强和副省长朱亚衍率相关领导到厂进行工作调研。

5月25日和10月14日，汤加国王一行先后考察了船厂并洽谈合作项目。

6月16日，厦门造船厂船体车间竣工验收，标志着易地改造一期主要工程基本完成。

8月17日，厦船承办厦门市第七次职工电焊技术比赛，为历届规模最大的一次，共有83名选手参加。比赛项目分为手工焊和二氧化碳保护焊。

9月20日，福建省船舶行业职工电焊比赛在造船厂举行，手工焊项目一、三名和二氧化碳保护焊前二名均由该厂选手取得。

9月30日，厦门造船厂进行组织机构调整和人事任免，将原来六大车间改为八个作业课，分别为内业课、外业课、甲装课、管加课、机装课、居装课、电装课、涂装课。为强化管理，还单独设立了计划中心和成本管理部。

11月17日，由厦门市经发委、劳动局、团市委三家共同组织的"厦门市工业企业青年岗位能手技术比武大赛电焊比赛"在造船厂举行，市经发系统数十个单位的30多名选手参加。

11月27日，厦门造船厂与德国哥伦比亚航运公司索勒总裁签订了6艘（2+2+2艘）3万吨多用途集装箱货船的建造合同，其中首批2艘当日生效，2艘2000年3月生效，2艘2000年12月生效。

12月16日，厦门造船厂为德国哥伦比亚航运公司承造的首艘3万吨多用途集装箱货船点火开工。

2000年

厦门玻璃钢游艇厂开始独立承接美国 Passport 游艇公司的 OEM 业务。

1月11日，厦门造船厂承造的第二艘德国820标箱"凯普·克鲁斯"号集装箱船完工交付，这是厦门船舶工业有史以来第一次生产的两艘万吨级船舶圆满完成。

2月5日，中国船舶工业集团公司总经理陈小津在省集团公司总经理谢作民的陪同下莅临船厂调研考察。

中国船舶工业集团公司总经理陈小津（左二）到厂调研考察

4月25日，福建省省长习近平带领省直有关部门、厦门市有关领导到厦门造船厂考察调研，认为船厂的建设达到了较高水准，造船能力达到了国际水平，发展远景很好，三年内实现从建造千吨轮向万吨轮的跨越，创造了中国船舶建造史上的奇迹。

5月15日，厦门造船厂承办了中国船舶记协2000年年会，来自全国40多个船企的党委领导、宣传部长、厂报主编等方面代表参加了会议。会上就报刊的采编工作进行了研讨，并向船舶新闻奖获奖者颁奖。船厂承办此次年会水平之高，被中国船舶记协誉为"珠穆朗玛峰之年会"。

6月11日，厦门造船厂承办了厦门市第六届职工技术比赛之高级焊工项目，共有来自8个单位的57名选手参加，其中造船厂选手25名。经过轮番角逐，前6名的选手中，造船厂占了4名，20岁的康水益摘取桂冠。

7月28日，中共中央委员、全国总工会副主席张俊九一行在省市领导的陪同下到厦门造船厂进行工作调研。

8月20日，厦门造船厂首座300吨龙门吊，经厦门市劳动局验收投入使用。

12月2日，福建省船舶工业集团公司组织对厦门造船厂二期规划建设项目进行论证，中船总老领导王荣生、胡传治以及国防科工委、厦门市等领导和专家出席了论证会。

2001年

1月10日，厦门市委书记洪永世到厦门造船厂检查工作，对船厂成功建造3万吨多用途集装箱货船表示热烈祝贺，希望船厂借鉴市飞机维修业的经验，通过出让股份，引进外资，并带进管理、技术和市场，通过改制再上新台阶。

1月12日，厦门造船厂为德国哥伦比亚航运公司承造的首艘3万吨多用途集装箱货船顺利下水。

2月12日,厦门造船厂改制项目组成立。省集团公司总经理助理赵琥任组长,船厂总经济师汪锦星任副组长,厂办郑新建任联络员,还聘请了中介机构及金融、证券、财务、法律专家参加项目组。

4月27日,省经贸委授予厦门造船厂"九五"技术改造优秀项目奖(一期工程)。

中共厦门市委书记洪永世(左二)莅厂视察

5月10日,国防科工委副主任张广欣一行到厦门造船厂考察。

6月23日,福建省政协陈明义主席出席厦门造船厂第二艘3万吨多用途集装箱货船下水典礼并到船厂考察。

6月24日,厦门造船厂第二艘3万吨多用途集装箱货船下水。

8月24日,福建省贾锡太副省长在丁国炎副市长的陪同下到厂进行工作调研。

8月31日,厦门造船厂为市政建设制作的第15座人行天桥安装于厦门演武路与白城路段。

9月15日,厦门造船厂承办厦门市第七届职工电焊技术比赛,共有151名选手参赛,该厂派出44名。此次赛事规模不论是参赛选手、参赛单位,还是比赛项目,均为历届之最。该厂年轻的选手分别获得了高级手工电弧焊、中级二氧化碳气体保护焊、埋弧焊三个赛项的前两名。

2001年10月28日《厦门日报》的报道

10月27日，厦门造船厂首艘3万吨多用途集装箱货船完工交付德国船东。

12月16日，厦门造船厂一天实现三个节点，3万吨多用途集装箱货船的第三艘下水，第四艘上船台，第五艘点火开工。

2002年

2月，厦船重工厂科学技术协会成立，并召开首届会员大会。

2月6日，福建省船舶工业集团公司以厦门造船厂主营资产出资，联合了闽东电力、厦门建发、重庆钢铁、厦门明舜四家公司，创立了多元投资主体的厦门船舶重工股份有限公司，在厦门京闽中心酒店召开了发起人签字仪式。

3月15日，厦门造船厂十六届二次职代会召开。会上表决通过了企业改制方案。

"凯普·敦"号货轮离开厦门首航日本富山。这是厦门造船厂为德国索勒控股公司建造的第二艘3万吨多用途集装箱货船

　　3月28日，厦门船舶重工股份有限公司由福建省政府批准创立，注册资本2.5亿元。在厦门京闽中心酒店召开的厦船重工暨第一届董事会、监事会创立大会上，福建省船舶工业集团、闽东电力、厦门建发、重庆重钢、厦门明舜等五家股东参加了会议。会议通过了《公司章程》,选举产生了公司董事会成员和监事会成员，通过了相关决议。会上推举了董事长和副董事长，聘任了经营班子成员，首届董事长兼总经理由赵琥担任。

　　5月25日，厦门船舶重工股份有限公司挂牌成立，省经贸委主任徐刚、厦门市副市长詹沧州为新公司揭牌。同日，"瑞克麦斯·东京"号3万吨集装箱多用途货船下水。

　　6月15日，《厦船月报》更名为《厦船

重工报》。

8月12日，厦船重工第一届第二次董事会在悦华会展酒店召开，会议形成了公司内部组织机构设置等六个决议。9月5日，公司组织机构调整，董事会下设三个委员会，经营管理机构下设13个科室七个作业课。

9月，厦门玻璃钢游艇厂改制成功，改制后公司更名为厦门瀚盛游艇有限公司。

同月，厦门瀚盛游艇有限公司参股企业厦门百盛玻璃钢造船有限公司建造的福建省第一艘玻璃钢渔船出海。

11月29日，厦船重工电装课副课长黄平婷捧得海沧首届"十佳青年建设者"的桂冠，电装课课长吴海泉分别被评上"中国机械工业技术能手"和"厦门市劳动模范"，外业课课长吴世明光荣出席福建省党代表大会。

厦船重工先后获得福建省百家重点企业（集团）、全国企业职工培训先进单位、福建省思想政治工作优秀企业等多项荣誉，银行资信从A级上升为AA级。

2003年

瀚盛游艇有限公司与美国Stevens游艇公司开始合作生产Stevens53游艇。

1月20日，厦门市第八届职工技术比赛（电焊技师）在厦船重工举办。

1月31日，首期《厦船重工信息》出刊。

2月24日，福建省副省长李川带领省市相关部门领导实地考察厦船重工的生产情况。

3月，中美合资红龙公司成立。公司位于厦门五通，是岛内唯一的游艇生产企业，主要加工生产各种帆船、机动艇及相关零配件，以及相关行业的进出口贸易权。

3月18日，厦船重工与英国则迪亚克航运公司签订的6艘（2+2+2）4300车位汽车运输船建造合同正式生效。

3月19日，厦船重工与英国太平洋公司签订的3艘（2+1）53800吨双壳散货船建造合同正式生效。

4月10日，公司被评为"2002年度厦门市工业企业出口先进单位"和"2002年度厦门市工业企业销售收入增长大户"荣誉称号。

4月底，经中船行业协会、省经贸委、省科技厅、省技监局、省造船工程学会等主管部门的专家和领导的论证和鉴定，厦船重工建造的3万吨多用途集装箱货船被评定为"国际先进水平"。

5月，在福建省科技厅组织的专家评审中，厦船重工被认定为第一批"福建省制造业信息化应用示范企业"。

5月13日，厦门市市长张昌平带领丁国炎、徐模副市长及相关职能部门到厦船重工现场办公，就企业办理土地使用权过户、新旧企业出口退税的衔接、二号码头尽快开工建设等问题议定了解决的办法和意见。

6月15日，厦船重工为英国太平洋公司建造的首艘53800吨双壳散货船点火开工。这是福建省迄今为止建造的最大吨位船舶。

7月，厦船重工技术中心被评为"省级技术中心"。

7月，厦船重工年度资信经厦门金融咨询评信公司评为AA级。公司以2002年销售总额59368万元人民币，名列中国机械500强排行的第195位，名列福建省工业企业百强。

11月5日，厦船重工大力推进信息化工程，开始启用物资管理系统部分模块和成本系统，并做好国内物资采购的网上信息发布与询、报价管理等。公司信息化由董事长亲自挂帅，各部门级应用软件的实施由各分管领导和部门负责人亲自抓。

12月26—27日，全国船舶工业行业管理工作会议于在厦门白鹭宾馆召开。国防科工委副主任张广欣主持会议，国家发展改革委副主任张国宝、省委副书记、常务副省长黄小晶、厦门市委书记郑立中、厦门市长张昌平出席了会议。国家有关部门、行业协会的领导，各省、自治区、直辖市船舶行业管理部门主要负责人，以及各有关集团公司、中介机构负责人等150多人参加了会议。与会代表参观了厦船重工，对企业正在实施的三大发展战略以及公司先进的生产工艺流程表示赞誉。

2004年

2月6日，厦船重工被评为"2003年度厦门市技术进步工业企业"荣誉称号。

3月26日，厦船重工开始启动物资采购网上信息发布和网上询价工作，4300PCTC船第一批共69项国内物资采购项目已通过公司网站向外发布，并有120多家国内船用物资供应商在公司网站完成会员资格注册，他们可以在物资采购平台上以最快捷、最安全的方式完成报价。这项工作的启动不仅能起到降低物资采购成本的作用，而且有利于公司物资供应整体工作效率的提高。

4月7日，福建省政协主席陈明义率领省政协、省经贸委、省船舶工业集团公司、市政协、市建设与管理局、市经发局、市计委、市环保局、市港务局、市重点办、市海沧区等相关政府部门领导到厦船重工考察，并就调研船舶工业发展情况及发展规划，在该公司召开了"省政协重点提案调研座谈会"。

4300辆汽车运输船

4月8日，厦船重工为福建省建造的最大吨位船舶、"厦门海"号53800吨双壳散货船的下水举行隆重的庆典仪式。省市领导卢展工、陈明义、郑立中、张家坤、李川、张昌平、徐模一行以及省市各有关部门、金融单位代表、协作单位代表出席了仪式。与此同时，被称为"海上浮动车库"的4300辆汽车滚装船点火开工。副省长李川代表省委省政府在会上致辞，向"厦船重工"表示热烈祝贺。

5月14日，厦门市劳动和社会保障局正式授予厦

船重工"国家职业技能鉴定站"牌匾。自此公司获得鉴定资质，鉴定的工种范围为焊工、船体制造工，签定等级为初级、中级、高级。该站的设立不仅有利于公司员工进行技能鉴定，还具有社会服务的职能。

6月，厦门玻璃钢游艇厂为美国 Outbound 游艇公司承接的第一条游艇开工。

7月18日，备受社会各界瞩目的厦船重工2号舾装码头工程，在前期的反复论证、多方勘察、精心准备后正式开工。该工程是省、市重点工程的先导项目，列入了国家"双高一优"重点工程计划，同时也是平战结合的显要设施。

9月，由美方设计，瀚盛游艇有限公司制作的 Stevens 模具完成。同年11月5日，第一条 Stevens53 游艇下水。

9月1日，厦船重工与海沧崎山实业有限公司签订合资合作船舶配套产品生产基地的协议。此次合作是公司走总装造船道路的一种尝试，主要是利用该公司在龙海后石的崎山石材厂厂址规划改造成钢质材料处理制作中心，作为厦船重工的紧密型配套企业。新企业暂名为厦船重工后石船舶制造有限公司，选址龙海市后石电厂以南临海山地，占地面积约8万平方米，企业注册资本人民币2000万元。

9月8日，厦船重工以69717万元的产品销售收入竞争力值，名列2004年福建省工业企业规模三百大排名第75位。

9月10日，经过多轮艰苦细致的洽谈，厦船重工与德国船东签订了"6+4"艘 2600TEU 集装箱货船，交船期排到了2010年。

9月15日，厦船重工为英国太平洋公司承造3艘53800T系列双壳散货船的首艘"厦门海"号船完工并正式交付船东。该船比合同期提前二十天交付船东，开创了首制船按期交船的纪录。这是迄今为止福建省建造吨位最大的船舶，也是企业开始承造万吨船以来，第一艘在合同规定的优惠期限内交出的船舶。

10月19日，厦船重工定正式全面启动 ISO9000 标准认证工作。董事长挂帅，由企管办牵头，从技术中心、物资集配部、造船事业部等相关部门中抽调人员组成工作小组。

11月2日，厦船重工被评为"2004年福建企业竞争力100强"，位居第96位。经厦门权威机构评定，厦船重工2004—2005年度"企业资信等级"为A级。该公司荣登2004年度福建省工业行业榜首荣誉榜。

12月8日，厦船重工为保证汽车运输船的建造质量和建造周期，适时地把焊工培训工作与国际接轨，要求所有船舶电焊工（含外包工程队）都必须参加中国船级社（CCS）的焊工国际认证，对不合格的焊工，一律不得在新船上作业。开始分 4 批对 185 名船舶电焊工，按照中国船级社船舶焊工考试规范进行基本知识和实践技能的考核。结果有 154 名焊工取得合格证书，合格率达 83%。据中国船级社厦门分社评价，本次考试是该社历史上在厦门地区考试人数最多、规模最大的一次。

12 月 10 日，厦船重工自行生产设计并建造的 30000DWT 多用途集装箱船荣获厦门市人民政府颁发的 2004 年厦门市科技进步一等奖，位居厦门市颁发 49 个奖项的第二名。

12 月 22 日，厦船重工与日本丰桥船厂达成协议，以研修方式外派本公司焊工前往丰桥船厂进行学习，每批进修生 5 人。旨在管理、技术等各个层面，加强与日本同行企业的交流与合作，提高自身的管理水平，加快与国际造船技术的接轨。

厦船承造我国最大汽车运输船

成为近 20 年国内首造此类船的船厂；该船昨进入船台大合拢阶段

本报讯（记者 纽夫）昨日上午 11 时 45 分，随着建造总指挥金俊洪一声令下，一个重达 300 吨的船舶第一分段被徐徐吊上厦船重工的船台，这标志着国内迄今为止建造过的最大型汽车运输船进入船台大合拢阶段。今后的几个月里，由厦船承造的第一艘 4300 卡汽车运输船将在这里逐渐成形。

昨日，全球最大的私人船东——"福布斯"排名第 186 位的英国泽迪雅克航运公司董事长 Sammy Ofer 亲率总裁 Idan ofer 等四位高层飞抵厦门，参加了 401A 船上船台典礼。

401A 汽车运输船为厦船重工为英国泽迪雅克航运公司承造的 4300 卡系列运输船的首制船。国内造船厂普遍认为该英运汽车运输船技术要求高、建造难度大，是一种高风险、高难度的船型。据介绍，自 1986 年上海江南造船厂承造过两艘之后，近 20 年再无国内船厂建造过这种船。

此次厦船重工承造该船型契机，创造三个第一：一是当今中国船厂建造的主尺度最大的船型；二是使用的主机是当今世界上第一台 M&W9S50 主机；三是继江南造船厂后近 20 年来国内首吃"螃蟹"的船厂。厦船重工已把该船型定位为公司今后的核心产品。目前，厦船重工已与 8 家船东签订汽车运输船合同，另有船东表达签订大批量汽车运输船建造合同的意向。

资料链接：

有数字显示，目前全世界上拥有 432 艘汽车运输船，载车重都在 4000~6000 卡，其中相当部分船龄在 20 年上下。根据世界航运界人士的预测，未来 10 年全世界将要建造 230 艘新船，才能满足全球汽车上世之量大幅增长的需求。特别是从 2008 年起，世界汽车运输船缺口将扩大，需求量为目前的两倍。

重达 300 吨的第一分段徐徐吊上船台，标志着我国国内最大型汽车运输船进入船台大合拢阶段。
（本报记者 蓝丽艺 摄）

2002年12月14日《厦门日报》的报道

2005年

1月，厦门玻璃钢游艇厂生产第一条 Outbound 游艇下水。

1月6日，厦船重工为英国太平洋航运公司承造三艘53800吨双壳散货船中的第二艘"厦门天"号船，提前30天交付船东。该船还创下了新船不必进坞再修整的纪录，实际节省进坞费用100万元人民币。

1月10日，厦船重工提出了年度公司工作重点：一是全力突破4300PCTC汽车运输船建造，推进企业产品上档次；二是基本完成二期技改主体建设，推进企业生产上规模；三是深入把握2600箱集装箱船生产前准备，推进企业转模上水平；四是切实加强预算精细化管理，推进企业管理上效益；五是认真建立人才稳定引进机制，推动企业文化上层次。

2月，瀚盛游艇有限公司的第一条 Stevens53 游艇参加美国迈阿密船展。瀚盛游艇有限公司总面积3万多平方米的海沧新厂区动工。

2月5日，厦船重工"30000吨多用途船系列开发设计项目"，荣获"中国船舶工业集团公司科学技术进步奖"二等奖。

2月22日，厦船重工与重钢签定了今后五年的战略合作协议，不仅在最大宗物资钢材的采购上提供资源保证，同时还将获得重钢给予的优惠待遇。这是公司首次与生产厂家建立战略合作关系。

4月6日，厦门市贸易发展局、厦门市外商投资局授予厦船重工2004年度"厦门市进出口百强企业"称号。

4月26日，厦船重工为英国太平洋航运公司承造三艘53800吨双壳散货船中的最后一艘"康提"号船，提前40天交付船东，不仅成为该批船型交船期提前最多的船舶，也是企业船舶建造周期的一个重大突破。

6月2日，在厦门市第十届职工技术比赛中，厦船重工员工郭献明获高级钳工技术状元。

6月25日，厦船重工首制"早晨的奇迹"号英国4900车位汽车运输船顺利下水，标志着企业已掌握同类型船舶建造的关键尖端技术，预示着福建省船舶制造业的整体水平跃上了一个新的台阶。

8月9日，南顺控股（香港）有限公司以人民币3.239亿元竞得厦门香山国际游艇俱乐部码头地块，计划投资3.5亿美元兴建亚洲最大的游艇码头。该码头预计将在2009年5月落成。

8月19日，在2005年度福建省工业企业竞争力300强及工业企业规模300强评价中，厦船重工位居企业竞争力榜第123位，并以2004年销售额

51418 万元在规模 300 强中排名第 129 位。此次评价是从全省近 12000 家规模以上工业企业中评出的。

9 月 7 日，福建省政协主席陈明义一行到厦船重工调研并视察了生产现场，对厦船重工几年来的快速发展表示赞赏，认为厦船重工企业发展战略规划和产品定位明确，结构调整到位，特别是 4300PCTC 船的成功下水，在国内外影响很大，很有发展潜力，一定要抓住机遇，加快发展。

10 月 22 日，由福建省劳动和社会保障厅主办，厦门市劳动和社会保障局、厦门市总工会、厦门船舶重工股份有限公司共同承办的 2005 年福建省职业技能大赛"松下杯"焊工竞赛开幕式在公司举行，有来自九地市的 10 支代表队的 100 多名选手参赛。此次竞赛按照高级工标准进行，竞赛项目主要是手工焊和二氧化碳焊两个类别。经过焊工技能理论和实际操作两天时间的较量，厦船重工荣获省"松下杯"焊工竞赛银奖（团体总分第二名）。在二氧化碳气体保护焊的较量中，该公司员工吴小福获得第二名、林联丁获得第五名、陈丽育获得第六名。

11 月 2—3 日，厦船重工选手在东南造船厂举行的"2005 年全省职业技能大赛"管钳技能竞赛中，夺得"团体第一名"的优异成绩。有 9 名员工分获两个类别的前六名。

11 月 15 日，在厦门市第三届"十佳外来青年"评选活动中，厦船重工员工兰树财荣获厦门市第三届"十佳外来青年"提名奖、特区建设青年突击手称号，成为全市 60 万外来青年中的佼佼者。

11 月 27 日，经过多轮考察和洽谈，厦船重工与漳州一帆重工有限公司签署了关于漳浦协作基地的合作协议。2006 年，公司共需外协分段 11900 吨，在周边地区建立 2～3 家分段外协厂至关重要。

当年，厦门毅宏集团收购福建大丰游艇有限公司，专门从事玻璃缸豪华游艇、快艇及其他游艇配件的生产。

2006年

1 月 6 日，厦船重工自主研发、首次建造的 4900 车位汽车运输船完工交付英国 ZODIAC 航运公司。该船型的建造成功牵动了国内外社会各界的眼光，包括中央电视台在内的 17 家新闻媒体竞相对此新闻作了报道。福建省副省长李川与福建省政协主席陈明义以及国防科工委相继发来贺电祝贺。

1 月 12 日，在 2005 年福建省职业技能大赛中，厦船重工员工吴小福获

得焊工竞赛第二名，郭开展获得船舶钳工竞赛第二名，周贤文获得船舶管系工竞赛第二名，杨冬新获得船舶管系工竞赛第三名，四名员工获福建省劳动和社会保障厅授予的"福建省技术能手"荣誉称号及奖状、奖章。

1月25日，经中国外经贸企业协会信用体系专家评审委员会、中国对外贸易经济合作企业协会和北京国商国际资信评估有限公司联合评定，厦船重工为"全国对外贸易信用 AAA 级企业"。

2月28日，厦船重工建造的第二艘英国4900车位汽车运输船在加长后的船台上稳健下水。同日，第三艘同类船型上船台建造。

3月1日，厦船重工与武汉船舶职业技术学院联合开办大专班，首批有40位学员。

3月15日，厦船重工为德国劳特雍公司承造的首艘2600标箱集装箱船正式点火开工建造。

3月22日，为贯彻省委、省政府关于建设海洋经济强省的部署，由省政协叶家松副主席带团一行到厦船重工进行"发展造船业，为建设海洋经济强省服务"专题调研。与会者一致认为，厦门应以厦船重工为龙头，做精、做强、做大造船业；以造船工业带动船用机电（含通讯、导航）设备配套业以及分段、舱口盖制作、钢结构等产业链的发展。要加快厦船重工三期10万吨级船坞的建设，形成与厦门湾港口建设相匹配的修船业。

3月29日，厦船重工在2005年度厦门市进出口百强企业排行榜上名列第71位。

4月29日，厦船重工安委会、工会编辑了《员工安全手册》，安全第一，预防在先。

4月17日，在福建省第三届企业文化节上，厦船重工被授予"企业文化建设创新单位"荣誉牌匾。

5月29日，厦船重工首次在"两委"选举大会上，经过公司106名正式党员无记名投票差额选举，产生了首届公司党委会和公司纪委会，其中首届党委会由黄注成、赵金杰、金俊洪、汪锦星、梁洪、王义龙、罗加福等7位委员组成，首届纪委会由黄注成、罗加福、张海寿、吴海泉、陈裕民等5位委员组成。以等额选举的方式选举黄注成同志为党委书记，赵金杰同志为党委副书记；黄注成同志为纪委书记，罗加福同志为纪委副书记。

6月5日，经厦门市企业和企业家联合会评定，厦船重工名列"2006年厦门市制造业百强企业"第62位。

6月9日，在北京召开的全国船舶记协成立十周年的庆典会上，厦船重工被授予"全国船舶记协有突出贡献单位"荣誉称号。该公司罗加福主任被授予"全国船舶记协新闻宣传先进工作者"荣誉称号。

7月19日，经福建省经济贸易委员会鉴定，认为厦船重工开发的4900PCTC滚装船在产品设计、建造技术方面达到当代国际先进水平。该船的开发对提高我省高技术性能、高附加值船舶的建造能力和国际市场竞争力具有重要的意义。

7月24日，厦门市企业和企业家联合会授予厦船重工为"2006年度厦门制造业企业100强"荣誉称号。

7月27日，厦船重工被评选为"厦门市重点企业出口大户"，是属于上年度出口500万美元以上的外贸出口骨干企业和出口名牌企业，市政府每年度最高可扶持100万元人民币。

9月29日，厦船重工机装课铣工刘向辉由于在全省职工技能大赛中脱颖而出，被正式确认为三名全国赛的选手之一，代表福建省参加由中华全国总工会、科学技术部、劳动和社会保障部联合举办的第二届全国职工职业技能赛，并荣获"第二届全国职工职业技能大赛优秀选手奖"。

10月中旬，厦门毅宏集团与意大利水神集团正式签约，宣布双方将投入2亿美元，合力在漳州龙海隆教乡建造毅宏游艇工业城，并宣布将联手生产高端豪华型游艇。

10月10日，省委常委、市委书记何立峰，市委秘书长徐模，市委常委、海沧区委书记钟兴国，海沧区常务副区长张灿民等市、区领导到厦船重工考察，并了解了4900车位汽车运输船建造的情况，对企业在经营生产和规划建设所呈现出来的良好业绩给予高度的评价。

10月13日，经权威部门评定，厦船重工2006年度企业资信等级评估结果为AA级，较2005年度A级提升了一个档次。

10月24日，厦船重工"信息化二期工程"再次获得厦门市科技局60万元资金支持。这是企业在顺利完成"信息化一期工程"后再次得到资助，资金数额名列全市制造业信息化项目的第二位。

12月28日，厦门市人民政府正式发文批复厦船重工三期用地的申请，同意将唐龙游艇公司位于海沧的126799.912平方米的土地，作为公司八万吨造船坞及其配套工程项目建设用地，使用年限为五十年。与此同时，该公司与厦门国土资源与房产管理局签定了"土地有偿使用合同"，三期建设用地的相关手续基本落实。

11月16日，厦船重工被厦门市劳动监察支队授予"劳动保障基准认证

和诚信等级 A 级证书"。

12 月 30 日，厦船重工 4900 车位汽车滚装船项目荣获"福建省优秀新产品获二等奖"。

12 月 31 日，中共福建省委宣传部、省政研会、省文协联合发文，授予厦船重工为福建省第二批"企业文化建设示范单位"。

2007年

1 月 29 日，厦船重工与全球最大的航运公司马士基成功签约 4+2+2 艘 4900 车位汽车运输船。该批订单总金额约 5 亿美元，是企业有史以来对外签署金额最大的一批订单。该批订单的签订，标志着厦门船舶重工的建造技术和产品已经进入了造船界的先进行列，并得到世界顶级船东的认可，意味着厦船重工已经具备了持续发展的核心竞争力。

1 月 30 日，在厦门市科学技术局主办的"2007 年厦门市制造业信息化成果交流会"上，公司凭借"十五"期间在信息化工作中取得的突出成绩，被首批授予"厦门市制造业信息化科技工程应用示范企业"荣誉称号。

同日，厦船重工自主研发的 4900 车位汽车运输船项目经厦门市优秀新产品奖评选委员会评定，获"2006 年度厦门市优秀新产品二等奖"。

同日，厦门市人民政府授予厦船重工"厦门市 2006 年度工业企业出口先进单位"荣誉称号，表彰该公司 2006 年成功交付三艘 4900PCTC 船，创汇 8700 万美元，比增长 50%，在生产经营和出口创汇方面都取得了显著的业绩。

1 月 31 日，厦船重工荣获中国船级社质量认证公司颁发的 ISO9001 质量管理体系认证证书，标志着公司的管理工作跃上了一个新的水平。

2 月 13 日，厦船重工为英国 ZODIAC 航运公司批量建造 10 艘同类船型中的第 4 艘 4900 车位汽车运输船完工交付。该船船台周期仅用 128 天，提前交船 66 天，标志着公司的整体建造能力和技术工艺水平又上了一个新的台阶。

3 月 16 日，厦门市政府授予包括厦船重工高级技师吴世明在内的 10 位同志"厦门市有突出贡献的技师、高级技师"荣誉称号，五年内在厦工作期间每月享受政府高技能人才津贴 500 元；授予厦船重工高级工郭开展和吴小福在内的 17 位同志"厦门市优秀技术能手"荣誉称号，五年内在厦工作期间每月享受政府高技能人才津贴 200 元。

3月30日，厦船重工首次职工代表、会员代表大会隆重召开，有110名职工代表和27名邀请代表参加了会议。会议选举产生了首届工会委员会委员和工会经费审查委员会委员，审议通过《集体合同（草案）》，签订《集体合同》。会上还表彰了厦船重工2006年度"优秀先进管理项目"、"优秀先进技术工艺项目"获奖人员。

4月7日，继漳浦一帆重工后，龙海新胜海船业成为厦船重工又一个分段制作基地。赵金杰总经理与新胜海董事长康源盛分别在"船舶分段制作协议书"上正式签字。

4月12日，厦船重工召开三期"八万吨造船干坞及其配套工程"项目的工程可行性论证评审会。与会的省国资委、省船舶集团公司、区经贸局、区规划局、海洋三所等单位的相关领导、专家听取了中船第九设计研究院的专题汇报，会上就相关技术问题进行了咨询和解释，原则上评审通过了厦船重工三期工程的论证。

4月24日，厦船重工与德国的瑞克麦斯船东成功签署了2艘4900车位汽车运输船的订单。计划分别于2009年10月和2010年2月交船，订单总金额约1.2亿美元。

4月25日，厦门海事局向厦船重工颁发了船舶抵押权登记证书，意味着福建省首例在建船舶抵押担保直接融资模式在厦船重工首开先河。此举不仅为厦船重工节约了巨额的担保费，同时大大增加了厦船重工的融资能力，并对全省船舶行业的融资模式起到开创性的示范作用。

5月11日，厦船重工扶持的总装造船基地——漳州一帆重工有限公司船体总产量已达8000多吨。该公司一期工程已初步形成年生产船舶分段制造能力2万吨，是东南沿海规模最大、设施最完备、生产能力最强的船舶分段制造厂，同时也是全省唯一具有桥梁钢和大型重型钢构件生产、制造、运输能力的厂家。该公司于2005年11月落户漳浦县六鳌镇，项目总投资1亿元，分2期进行，首期已完成投资6000万元。

5月12日，厦船重工第二届董事会第三次会议暨2006年度股东会召开。会议认为，公司在赵金杰总经理带领下，在全体经营班子的共同努力下，企业生产效率、经营效益、管理水平均得到了很大的提高，不仅进一步明确了以汽车运输船作为企业的产品和市场拓展方向，而且在精细管理、信息化战略实施、增收节支、总装造船等方面都取得了长足的进步。会议选举赵金杰先生为公司新任董事长及法人代表。

6月14日，厦船重工为英国则迪亚克航运公司建造的第五艘4900车位

汽车滚装船完工交付，比交船合同期整整提前了 98 天，与首制船相比缩短了 198 天。该船挂英国旗，首航日本横滨。

7 月 10 日，经福建省船舶工业集团公司职业技能鉴定站评定，厦船重工 18 名员工获福建省职业技能鉴定指导中心颁发的技师、高级技师证书。自此公司拥有高级技师 7 名、技师 22 名。

8 月 12 日，省委书记卢展工、市委书记何立峰、市长刘赐贵以及省、市相关部门领导一行到厦船重工视察调研。领导们对于厦船重工近年来的快速发展以及建造国内最大的汽车运输船所呈现出来的核心竞争力表示赞许。

10 月 20 日，厦船重工新建的八万吨船台基本落成，企业为德国劳特雍 . 桑序谱公司建造的首艘 2600 标箱集装箱船在新船台上搭架建造。公司举行盛大庆典仪式。新船上新船台建造，标志着厦船重工从此进入了双船台生产规模的崭新时代。

10 月 28 日，厦门唐荣游艇厂为欧美建造的总吨位最重的一艘总重 180 吨，造价 300 多万美金的游艇顺利装船。

2008年

1 月 21 日，由厦门港口管理局、厦门市海事局、厦门市经发局等政府职能单位对厦船重工八万吨船台及其配套工程进行交工验收，认为八万吨船台工程分为护岸工程、船台工程、总装平台工程、配套工程 4 个单位工程合格率 100%，质量等级为优良。施工单位已完成设计文件的全部内容，同意该工程通过交工验收并交付使用。

1 月 25 日，厦船重工为德国劳特雍公司承造的首艘 2600 标箱集装箱船在新建成的八万吨船台上胜利下水。自此公司双喜临门，实现了两项历史新跨越：一是宣告厦船重工二期规划建设建成投产，自此形成了"两船台两码头"的两条造船生产线布局；二是 "2600 标箱集装箱船" 新船型的研制，创造了企业乃至福建省建造船舶总长最长、集装箱装载量最多的历史新纪录。

2 月 22 日，总面积 96 万平方米的厦门翔安欧厝游艇制造业基地正式动工建设。这是厦门市第一个游艇产业基地。

3 月 17 日，厦船重工成立"企业 150 周年庆筹办组"，组成了以赵金杰总经理为组长，黄注成党委书记为常务副组长，汪锦星总经济师为副组长的筹办领导机构。为更好地彰显与传承厦船悠久的历史，此次厂庆活动将实施"六个一"工作，即"出一本书，写一首歌，办一个展，演一台戏，印一册纪念封，推出一周员工系列文体活动"。

3 月 26 日，厦船重工管加课的管子月加工量达到 10221 根，首次突破万根大关。

4 月 10 日，据资料显示，厦船重工 2007 年完工量为 36000 载重吨，位列全国第 29 位。

4 月 30 日，厦船重工为德国劳特雍公司批量建造的首制 2600TEU 集装箱船"厦门城"号完工交付，首航韩国釜山。

4 月 30 日，厦船重工副总工艺师、外业课课长吴世明光荣地当选为省级劳动模范。这是企业继 1985 年二船体车间主任庄永水当选省模以来，第二位获此殊荣的厦船员工，而且也是厦门市经发系统唯一的一名一线劳模。厦船重工质管部经理刘海镇同志被评为厦门市劳动模范。

6 月 11 日，经厦门企业和企业家联合会综合评估，厦船重工跃居 2008 年厦门企业百强的第 47 位，比去年跨前 32 位。

6 月 28 日上午，国家商务部蒋耀平副部长率有关部门领导一行，在福建省外贸厅厅长杨彪、厦门市政府副市长黄菱等的陪同下视察厦船重工。

8 月 5 日，厦门游艇行业协会正式宣布成立。这是中国大陆继上海之后正式登记成立的第二家游艇行业协会。

2008 年，瀚盛游艇有限公司飞虎 10 米帆船获得英国颁发的 ce 认证（欧盟）。

参考文献

1. 道光《厦门志》，鹭江出版社 1996 年版。

2. 民国《厦门市志》，方志出版社 1999 年版。

3. 《厦门指南》，苏警予等，新民书社 1931 年版。

4. 《二十世纪香港、上海及中国其他商埠志》，[英]魏尔特主编，英国埃氏大不列颠出版社有限公司出版 1908 年英文版。

5. 《厦门大观》，吴雅纯，1947 年版。

6. 《厦门要览》，厦门市政府统计室，1946 年版。

7. 《辉煌的十年——厦门市经济和文化建设成就的统计》，厦门市计划委员会编，1960 年版。

8. 《近代厦门社会经济概况》，秦惠中主编，鹭江出版社 1990 年版。

9. 《厦门交通志》，人民交通出版社 1989 年版。

10. 《旧中国海军秘档》，文闻编，中国文史出版社 2006 年版。

11. 《中华民国海军史料》，海洋出版社 1986 年版。

12. 《图说中国海军史（古代至 1955 年）》，陈贞寿编，福建教育出版社 2002 年版。

13. 《海军大辞典》，张序三主编，上海辞书出版社 1993 年版。

14. 《中国近代工业史资料》第一辑、第二辑，汪敬虞编，中华书局 1962 年版。

15. 《东南沿海城市和中国近代化》，上海人民出版社 1996 年版。

16. 田汝康:《十七世纪至十九世纪中叶中国船舶业的发展》,《历史研究》1956 年第 8 期。

17. 汪敬虞:《关于十九世纪外国在华船舶修造工业的史料》,《经济研究》

1965 年第 5 期、第 6 期。

18. 《中国舰艇工业历史资料集》，中国舰艇历史资料丛书编辑部编，上海人民出版社 1994 年版。

19. 《福建统计年鉴》，1934 年。

20. 《福建编年史》（第七辑），陈遵统，油印本。

21. 《厦门职员录》，《全闽新日报》社编，1944 年日文版。

22. 刘德浦：《一年来厦门海军》，《华声通讯社五周年纪念特刊》。

23. 《中国海军月刊》第十期。

24. 《厦门文史资料》，第 2 辑、第 3 辑、第 16 辑，厦门市政协文史学宣委。

25. 《申报》（上海）1918 年 11 月、1919 年 3 月。

26. 《江声报》1930 年 6 月—1938 年 3 月，1945 年 12 月—1949 年 10 月。

27. 《星光日报》1946 年 1 月—1949 年 10 月。

28. 《厦门大报》1948 年 1 月—1949 年 10 月。

29. 《厦门日报》1949 年 10 月—2008 年 6 月。

30. 《厦门晚报》1994 年 1 月—2008 年 6 月。

31. 《厦门商报》1995 年 7 月—2008 年 6 月。

32. 《海峡导报》2001 年 1 月—2008 年 6 月。

【后　记】

　　对"以港兴市"的厦门而言，加强厦门与海洋经济相关史料的搜集、整理，是厦门市政协文史学宣委的任务之一。为此，在 2008 年厦门文史丛书的组稿计划中，安排了《厦门航运百年》和《厦门造船史略》两书。由于资料搜集整理不易，《厦门航运百年》推迟为下一年度计划，而恰逢厦门船舶重工股份有限公司将为纪念企业开基 150 周年编书，真是不谋而合。于是议定合作编写厦门造船历史，并改书名为《厦门船舶工业》。而必须着重讲一讲的是，为本书的出版，厦门船舶重工股份有限公司还提供了出书经费，为以后厦门文史丛书与企事业部门、单位合作编书、出书跨出了可喜的第一步。

　　在本书编写过程中，得到福建省档案馆、厦门市档案馆、福建省图书馆、厦门市图书馆以及厦门大学图书馆、福建师范大学图书馆提供翻拍、翻印、抄录文字和图像资料的大力支持，谨此致以诚挚的谢意。

　　由于编写时间匆促和限于水平，舛误之处必不可免，诚恳地期待着读者的不吝赐教。

编　者

2008 年 10 月 2 日